U0852090

商业新闻出版公司和轻松读文化事业有限公司提供内容支持

动动手指
就能赚钱

轻松读大师项目部　编

中国盲文出版社

图书在版编目（CIP）数据

动动手指就能赚钱：大字版 / 轻松读大师项目部编. —北京：中国盲文出版社，2017.3
ISBN 978-7-5002-7777-4

Ⅰ.①动…　Ⅱ.①轻…　Ⅲ.①互联网络—应用—企业管理—商业模式—通俗读物　Ⅳ.①F272.3-39

中国版本图书馆CIP数据核字（2017）第051642号

本书由轻松读文化事业有限公司授权出版

动动手指就能赚钱

编　　者：轻松读大师项目部
出版发行：中国盲文出版社
社　　址：北京市西城区太平街甲6号
邮政编码：100050
印　　刷：北京汇林印务有限公司
经　　销：新华书店
开　　本：787×1092　1/16
字　　数：80千字
印　　张：12.25
版　　次：2017年3月第1版　2017年4月第1次印刷
书　　号：ISBN 978-7-5002-7777-4/F·131
定　　价：42.00元
销售服务热线：（010）83190297　83190289　83190292

版权所有　侵权必究　　　**印装错误可随时退换**

出版前言

数字文明为我们求知问道、拓展格局带来空前便利，同时也使我们深受信息过剩、知识爆炸的困扰。面对海量信息，闭目塞听、望洋兴叹固非良策，不分主次、照单全收更无可能。时代快速变化，竞争不断升级，要想克服本领恐慌，防止无知而盲、少知而迷，需尽可能将主流社会的最新智力成果内化于心、外化于行，如此才能更好地顺应时代，提高成功概率。为使读者精准快速地把握分散在万千书卷中的新理念、新策略、新创意、新方法，我们组织编写了这套《好书精读丛书》。

这套书旨在帮助读者提高阅读质量和效率。我们依托海内外相关知识服务机构十多年的持续积累，博观约取，从经济管理、创业创新、投资理财、营销创意、人际沟通、名企分析等方面选取数百种与时俱进又经世致用的好书分类整合，凝练出版。它们或传播现代经管新知，或讲授实用营销技巧，或聚焦创新创业，或分析成功者要素组合，真知云集，灼见荟萃。期待这些凝聚着当代经济社会管理创新创意亮点的好书，能为提升您的学识见解和能力建设提供优质有效便捷的阅读资源。

聚焦对最新知识的深度加工和闪光点提炼是这套书的突出特点。每本书集中解读4种主题相关的代表性好书，以“要点整理”“5分钟摘要”“主题看板”“关键词解读”“轻松读大师”等栏目精炼呈现各书核心观点，崇真尚实，化繁为简，您可利用各种碎片化时间在赏心悦目中取其精髓。常读常新，明辨笃行，您一定会悟得更深更透，做得更好更快。

好书不厌百回读，熟读深思子自知。作为精准知识服务的一次尝试，我们期待能帮您开启高效率的阅读。让我们一起成长和超越！

目 录

“云计算”可说是网络发展史上最具颠覆力的破坏性技术。它不但简化、降低运营成本，而且给人们提供从未想过的使用弹性和运算能力。如果你仍旧张望不前，失去的恐怕不只是一场云端商机，还有百年基业。

网络生态瞬息万变，在虚拟世界中要让消费者按下订购按钮，化为“点击成金”的实体收益，绝对需要一套系统的营销策略，那就是必须了解云端时代的全新商机，学习如何用最少的花费，达到最大的曝光效益，创造最高的收入。

最新数字科技、智能手机、社交媒体、网络购物等，已从根本上改变了现有企业的商业模式，这是无法改变的事实。在这场数字化浪潮中，消费者越来越容易与其他人产生联系，获得更多信息。现在按下“Ctrl＋Alt＋Delete”键，重新打造你的企业和人生吧！否则，你的公司将会逐渐衰退，而你可能会在未来5年之内面临失业！

越来越多的消费者会在购买商品之后，先使用一段时间，然后再卖掉，以便购买下一代产品。在这种短暂持有的趋势下，消费者会不断替换手中的物品，所以社会开始从“积聚”的心态，转变成偏向“拍卖文化”的消费逻辑。这种转变不仅对商业环境造成重大影响，而且对社会主流文化与价值观同样影响深远。

抢占云端商机

启动云端服务的 5 项要素

Management Strategies For The Cloud Revolution

How Cloud Computing is Transforming Business and Why You Can't Afford to Be Left Behind

原著作者简介

查尔斯·巴布考克(Charles Babcock)，毕业于美国雪城大学，担任《信息周刊》特约编辑。报导电脑科技重大趋势20年，领域包括企业网络服务应用、虚拟化、资料库、云计算、新兴科技整合及新型网站技术。曾担任《计算机世界》软件技术编辑、《数字新闻》总编辑、《互动周刊》科技编辑。

本文编译：黄玩

主要内容

主题看板

云端不漫步，赚取商机快一步

“云计算”可说是网络发展史上最具颠覆力的破坏性技术。它不但简化、降低运营成本，而且给人们提供从未想过的使用弹性和运算能力。如果你仍旧张望不前，失去的恐怕不只是一场云端商机，还有百年基业。

云计算最简单的概念就是，通过网络，以用多少付多少的方式租借运算设施，而不是从无到有来打造完全自足的信息设备。

比起过去动不动就要百万经费申购软硬件，再加上昂贵又麻烦的升级维护，云计算确实提供了一个非常可行的选择。

只要懂得把云端纳入企业的经营策略，你就可以立刻感受到：

◎ 云端提供的创新技术，可以让你省下惊

人的成本。

◎ 员工可以随时随地存取资料及进行运算。

◎ 业务流程和基础结构能快速切换，达到从未有过的敏捷性。

◎ 即使在网络流量尖峰时段，仍能保持顺畅。

而这些都还只是云端最显而易见的好处，并非到此为止。

企业如何在日新月异的科技浪潮下保持竞争力，哈佛商学院教授克莱顿·克里斯坦森曾说过这样一段话："破坏性技术往往有办法去完成过去被认为不可能的事。而其市场也常常是从意外的成功中浮现出来。"

面对云端新浪潮，你也应该采取破坏性思维来重新拟定你的经营策略，抱持云端经济即将到来的心态，寻找各种可行的方式进行改造，等到信息积累成价值链时，便能整合成更聪明的商品或服务。

一　什么是云计算

云计算是一种全新商业模式，可按照需求取得庞大可扩充的运算能力。它代表着信息产业结构上的一种根本转变，同时也是一种全新的分散运算模式。

互联网原本的构想就是把它当作一种让每台电脑联系在一起的“云”。然而，在最近这段时间，这朵“云”已经开始具有不同的意义。今天的“云”是由庞大的数据中心组成，它们都被标准化，而且比以往更加自动化。

这些数据中心不再以昂贵的超级电脑为核心，而是利用数十万台便宜的个人电脑进行平行运算。它们还会使用高度精密化的软件，平衡数十万台微型计算机的即时运算需求。

从事云计算的大玩家都十分谨慎，不愿透露

数据中心的规模，唯恐引发一场声称自己拥有世界最大云端电脑的无谓竞争。然而，在2010年初就已经得知：

（1）微软正在建造6座大型数据中心来推动它的云计算平台Azure。这些数据中心有2座位于北美（芝加哥和德克萨斯州的圣安东尼），2座位于欧洲（爱尔兰的都柏林和荷兰的阿姆斯特丹），还有2座位于亚洲（中国香港和新加坡）。每个地区的2座数据中心互相联系，为彼此提供支援。每个云计算中心花费10亿美元。据说微软使用的是英特尔的产品，在每个地点放上一座6米或12米的货柜，插电后便成一个平台，然后安装上2000～2500台电脑便能马上开始使用。

（2）谷歌公司也要在全世界建立12座或更多的巨型数据中心。每座数据中心的丛集架构至少包含50万～60万台服务器。

（3）亚马逊公司据说也要在美国俄勒冈州的博德曼市建立一座耗资1亿美元的云端数据中

心，因为那里有便宜的水力发电可用。这座设施的面积约 1.08 万平方米，四周由高 2.4 米、顶端带刺的铁丝网环绕。

(4) 云端服务供应商 Terralink 公司已经在美国弗吉尼亚州的卡尔佩珀为美国政府兴建了一座网络数据中心。它拥有 3.6 米高的防爆围墙，250 台监控摄像头，以及一个配备特殊强化大门的警卫哨。价格是纳税人缴纳的 2.5 亿美元税金。

这些有关超级数据中心的数据只是冰山一角。目前清楚的事实是，一些非常聪明的公司正投下数十亿美元的巨额资金，建造高效能的数据中心，而这些中心势必成为全球云计算设施中不可或缺的一部分。这种规模的投资本身就代表某种有趣的现象正在进行——一个可能颠覆一切的趋势正在形成。

人们一度以为大型电脑会主宰运算世界。后来又认为，昂贵且非常精密的超级电脑会成为主流。而现在的结果却是无数个云计算数据中心一枝独秀，它们由数十万台个人电脑建构而成，全都通过负载均衡软件和互联网联系起来。

关键思维

云端数据中心实质上是靠个人电脑零件打造出来的，它所使用的存储器、微处理器和硬盘，在无情地淘汰任何容易生产瑕疵零件公司的情况下，全都完美地通过数以百万批量生产的流程。一台台式电脑或笔记本电脑的微处理器本身并不算什么，但是当这些微处理器 4 个、6 个或 8 个一组来架构服务器，然后再用数千台这样的服务器丛集成云端数据中心时，它们就代表着一种新型的运算资源，结合了提供标准或高效能绩效的能力，价格则是低成本零件的反映。

——查尔斯·巴布考克

云端基本上就是丛集运算的超高压版本。

目前开始对大众提供大型丛集电脑应用的公司包括：

◎ 亚马逊的 EC2 网络服务。

◎ 谷歌的应用程序引擎。

◎ 微软的 Azure 云端。

◎ Rackspace 的云端。

◎ 太阳微系统公司（已被甲骨文公司收购）。

◎ IBM。

◎ 雅虎。

◎ eBay。

◎ 脸书。

自然浮现的问题是，如果云计算如此有趣，而且入门费用又相对低廉，为什么没有更多公司积极投入呢？从技术的角度来看，建造一座协同作业的微处理器丛集具有一定的挑战性。当大量电脑设定为协同运作时，就需维持一切同步，从而产生许多经常性费用。

不仅需要某种勘误系统，以持续追踪每个节点正在做什么和接下来该做什么，同时还需确保两个不同的节点不会在相同时间去尝试处理一个相同的信息。让整件事变得更有挑战性的是，丛集的规模越大，就必须配置越多的运算能力，这样才能保证一切井然有序且适当运作。一般估计，每组丛集的处理能力会有10％～15％运用在管理功能上。应对丛集管理需求的各类云端软件也都被开发出来。

美国国防部最早设置互联网时便指明，网络必须能够承受核武器攻击。因此，网络并没有设置核心办公室。当某一个路由器侦测到下一个网段丧失功能时，它就会自动绕过这个问题。应用类似的理论，云端数据中心的支援机制也已到了令人咋舌的程度。

当个别服务器失效时，云端的资料就会被转移到丛集中的其他服务器。凭借聪明的管理软件，丛集里数十万台服务器彼此联系，从而可以分散某个单一机器出现故障的风险，云端数据中心也具有了高度的错误容许率。

关键思维

云端数据中心是一种我们从未见过的丛集架构。许多用户可以用非常经济的价格取得这项资源，这正是云计算令人兴奋的部分原因。而云端数据中心设计的弹性，则是云计算令人振奋的主要原因。

如果可以运算我们想尝试的任何一个事物，那么我们会想做哪些运算呢？不论云端是应用于个人还是企业，一种全新的契机正在展开。多种科技的聚合、形式上的进化，让它的应用范围也更加具有革命性。云计算运用了一系列在其他地方已经证明可行的科技，借助它们来产生全新的规模经济和崭新的终端用户服务。

——查尔斯·巴布考克

云计算代表的含意广泛，但云端归纳起来至少包括三种不同的类型：

（1）私有云——企业把他们事业的数据中心变得更加云端化。这些私有云的用户局限于员工、事业伙伴和顾客。两家最大的公共云业者Rackspace和亚马逊公司，2009年宣布他们会保留一些指定的服务器，提供给那些想要发展自己内部或私有云的公司所用。

把私有云服务器和一般云端服务器放在不同的地方，公司就可以保证自己资料的正确性和机密性。由于谷歌、微软、亚马逊和其他公司私有云操作带来的竞争优势十分明显，因此有更多公司可能在未来建立自己的私有云。

这种趋势对硬件业者来说是大好商机。几乎所有大型的硬件者都准备将硬件卖给想建立自己私有云的企业。目前活跃在这个领域的公司包括：

◎ 戴尔电脑及其全新的数据中心解决方案

部门。

◎ 思科系统公司推动的协同运算系统。

◎ 惠普电脑。

◎ IBM。

（2）公共云——一般大众可以使用的云端。用户只需为他们使用的资源付费。2010 年，亚马逊公司对 Linux 服务器收取每小时 8.5 美分的费用，Windows 服务器的费用则是每小时 12 美分。Rackspace 为了取得更大的市场占有率，对 Linux 服务器的收费是每小时 1.5 美分。微软公司对小型 Windows 服务器的收费则是每小时 12.5 美分。随着更多竞争者的出现，价格应该会变得更低廉。

关键思维

通过公共云，你可以引进一组大规模丛集服务器来处理一个问题，一个月使用几小时或是几天，而价格是大多数公司都能负担得起的。这是企业界未曾料想到的一项革命性变革，它适用于全球性的竞争，而它所造成的后续影响仍有待观察。

——查尔斯·巴布考克

理论上讲，云计算功能的价格会一直持续降低，直到比电脑运行耗用的电费成本高一点为止。云端数据中心付费设有弹性空间，你可以根据自己所需的云计算数量及时间来付费。如果需要更多，你也可以立即得到。如果不使用，你也无须支付任何固定费用。

（3）混合云——私有云利用各种不同的公共云作为备援，以应付偶尔发生的需求高峰。目前许多公司为了应付每季度会计的结账作业、购物旺季时蜂拥而来的顾客、新产品上市等类似情形，而对他们的信息设施进行了过度投资。也就是说，公司的服务器在大部分的时间里都是闲置的——导致更高的运营成本、能源消耗和更多的环境需求。

大多数数据中心有能力应付偶尔产生的需求高峰，但平日里只发挥30%或更低的运作效率。有了混合云，公司本身的服务器就可以有90%或更高的使用率，并期待在运算需求加重时让公共云投入作业。这种把高峰负载从内部的私有丛集卸载到公共云的方式，已经有一个称呼，叫作“云爆”。

在公共云、私有云和混合云中，许多有趣的新发展正在进行。

云端服务容许用户根据实际使用付费，不需在硬件上过度投资，这一事实正是关键的驱动力所在。

混合云和公共云的同步应用，更可让每家企业的信息部门比以往有更高的成本效益。大量开发人员正致力于智能软件的研发，让私有云和公共云之间的运算功能可以切换，实现无缝链接，并且可以自我管理。数量同样惊人的开放源代码和商用软件产品可以让公司内部建置的服务器和公共云一起分摊工作量。

云端服务将很快大量出现在市场上。几乎在所有产业，人们都在努力思考如何提供云端形式的产品和服务。

关键思维

云端将承载全世界人们的希望、梦想和雄心壮志——并提供处理程序来帮助他们实现。通过强大的云端服务，先扩大处理能力，然后达成之前唯有顶尖精英才能达到的成就。那些了解自己可以任意使用云端，并且知道如何使用的人，将成为新时代的革命家，以及无所不包、应有尽有的数字文化创建者。

——查尔斯·巴布考克

二 云计算的好处

每当取得更高的运算能力，人们就会提出突破性的构想。云计算也是如此。云计算最终将撑起一个无所不包、应有尽有的数字文化天地。

云计算第一个也是最明显的好处，就是提供了一种全新的商业模式，即通过分布式运算能力，采取用多少付多少的计费方式。

实际上，云计算可以提供五个比较吸引人的好处：

好处 1：效率

用户可以把他们的工作传送到云端，并指示如何以及何时处理这些工作。用户不再需要购买及维护服务器去处理任何想得到的电脑运算任务，只需根据利用的运算能力付费。这种方式会对企业产生明确且相当显著的成本优势。根据某些估算，采用云端服务器可以降低信息部门的预算达 40%或更多。

好处 2：分层负载

云端让企业在维持最小计算能力的状况下，还可以拥有处理大量高峰流量的能力。传统的网络服务器一碰到太多人同时连上一个网站时，动不动就死机。这种现象在娱乐业也会偶尔发生。当受欢迎的网络电视节目播出时，很多人都到该节目的网站观看，造成瞬间爆冲的需求。

传统的网站服务器无法处理这样的流量，所以就死机了。像亚马逊公司和 Rackspace 这类公共云端服务业者，处理这种问题的方式是利用执行自动监察及平衡负载的软件。对某个网站的需求激增的时候，就可以使用更多的处理能力，让网站能持续运作。其后在需求降到日常水准时，那些处理器就会被分配到其他地方。云端是一种提供平日运营备援的绝佳方式，可以确保你的网站永远开通并正常运作。

好处 3：用多少付多少

利用云端，你就不需要投资打造内部的数据中心，也不需要维持一个威力十足的电脑服务器——并保持最新软件的更新、安全措施的修补、安装最新版本的特定软件或任何类似的需求。这些都由云端服务业者帮你完成，你只是在需要的时候，按照你的需求购买够多（或够少）的运算能力即可。

就云端而言，用多少付多少还适用于另一种情况。既然云端服务业者提供了所需的运算能力，那么你就不需要自己准备一台强大的电脑。事实上，只要有任何能够运行网页浏览器的设备就足够了。喜欢的话，你甚至可以利用手机等手持装置存取云端服务器。云端正是融合了集中式运算概念和主从关系的可能发展所得到的最终结果。用多少付多少是一种非常好的方式。

关键思维

亚马逊网站除了网络商店外，还首次在它的EC2数据中心将云计算当作可以出租的设施。外部用户可以连接到它的EC2服务器，只需提供一台机器，传送工作量给这台机器，然后通过互联网取得结果。任何一个在亚马逊EC2平台建立账户的人都可以这样操作。事实上，启动它只需要刷一下信用卡就够了。在云端世界，平凡的终端用户也可以短暂成为大地主——只要他的信用卡可以支付一份钟点费。

——查尔斯·巴布考克

好处4：自我管理

传统意义上，你必须非常符合资格，才能在企业的数据中心工作。要让一台服务器执行你的应用程序，就需要有人知道它们在做什么，否则这些系统的使用者就会产生各种接踵而至的问题。使用云端服务则完全改变了这种状况。要想设定云端服务器，你只需要在网上申请书中填写几个空栏，并从一系列的价目表和服务清单中做出一些相关的选择，输入你的信用卡资料，然后就可以让你的服务器开始运作。

你不再需要花费数周甚至更久时间来等待指派给你的服务器，而是只要几分钟的时间就可以开始运作。就算是电脑技巧有限的人，也可以快速而轻易地完成设定云端服务器的过程。

由于成本相当低，因此即使有错误产生，也不会形成资源严重的耗费。

而令人印象深刻的是，一个在网页浏览器上所做的简单决定，就可以让云端数据中心里一台威力无比的服务器开始运作。

这种授权方式既神奇又令人难忘。

关键思维

云端服务器的丛集会持续变大，而终端用户的设备则会持续变小。有一天，地球上最大规模的数据中心，或许会被一台比 1983 年出产的、遗忘已久的 IBM 个人电脑性能更低的设备操控。目标就是一种对等关系，使小可令大，兼可制强。也就是说，一个升斗小民拿着一台小小装置，就可以让一座异常昂贵的服务器从集回应他的指令。

——查尔斯·巴布考克

好处 5：虚拟化

虚拟化是指通过软件，把一台实体机器等分成好几台分离的“虚拟”机器的过程。虚拟化意味着所有的虚拟机器分别独立运作，因此一台实体机器可以让无数个用户分享。一套由系统管理者负责执行的监管软件，会管理硬件资源在这些虚拟机器之间的分享。说穿了，虚拟化就是一台拥有四个中央处理器的低成本服务器，反过来说，每个中央处理器享有四核心，可以支持 256 位终端用户，每个用户都在完全独立的状况下操作一台虚拟机器。

虚拟化是运算世界的颠覆者，也是它让云端

具备了即时弹性。应用程序在需要时，可以在一秒钟之内，从一个核心转移到另一个核心。当应用程序要求更多运算能力时，不需要任何人力的介入，管理软件就可以从系统的其他地方挪用闲置的效能。虚拟化结合芯片效能的持续进步，以及不断追求更新更好的软件，代表云端将会产生超乎想象的经济规模。

虚拟化还有另一项重要的好处。由于要管理虚拟机器的运作，事实上需要把精密的软件——名为“超管理”软件——设置于应用程序和硬件之间。这个“超管理”软件有效取代了操作系统软件。“超管理”软件同时也让写给特定软硬件组合所用的应用程序，可以移转到其他机器且不会产生任何问题。

这种状况克服了电脑产业一直以来的心头大患，让运作于某一类型服务器的软件，在不同服务器上能够顺畅运作。在云端，这已不再是问题——一切都可以在你选择使用的服务器上，以及任何你指定的时间范围内，完美地运作。

关键思维

云端的终端用户现在可以组合应用程序和操作系统的版本，借此让某一套档案能得到最好的运作效果，这就是一项“虚拟应用”。通过从基本的硬件需求中解放出来，商业应用程序得到了行动力，从而有机会在云端蓬勃发展。虚拟应用的规模会小于原本的操作系统和应用程序的组合，但却可以在互联网上更迅速地从一个点移动到另一个点，为拥有者节省金钱。

——查尔斯·巴布考克

三　云端的风险

比起你在自家建置的数据中心，云端总是让人觉得不安全。许多不同的用户使用同一台机器，却只依靠软件进行分隔，意味着窥探、窃取信息和其他的恶意软件全都很有可能出现。

云计算除了有迷人魅力之外，表面下仍潜伏着许多不可避免的危险。每当你打算处理掉自己的数据中心，大幅降低内部的数据处理能力，把偶尔出现的高峰负载分给外部机构时，警钟就会响起。

云计算存在以下五项最显著的风险：

危险 1：CEO

大多数 CEO 都无法接受公司把基本服务和作业所需的运算能力交付给其他人。事实上，一提到云端，CEO 就很有可能退缩。对于严肃的企业运营而言，它的负面意义实在太多。多数CEO不会把云计算看作一种资源，而只是把它当作一种话题来炒作——电脑产业一长串流行语中的最新名词。为了和最难缠的对手竞争，CEO必须和竞争对手在云端分享共同的运算资源，虽然最后很难成交。

危险2：磨擦

把你的资料从自己的服务器转移到云端，在理论上听起来很棒，不过转移起来绝不会如你想象的那么顺利。当你把资料从某一种机器的格式转换成另一种必要的格式时，各种问题都会无可避免地产生。这种状况会制造磨擦，把效率降低，因而削弱了原本让你想这么做的关键动机。

另一个会产生磨擦的层面是你现有的信息人员对于云端的运用可能并没有那么高的热忱。他们可能会认为这件事有损他们的重要性和预算。要处理这种现象，明智的经理人会积极鼓励他的信息人员获得有助于云端运用的技巧和能力。让信息人员积极参与并投入云计算的转换过程，会比让他们试着找借口改变有更好的效果。

危险 3：认同

对很多公司来说，拥有顶尖的数据中心代表着一种骄傲。然而存取坐落在云端的强大服务器就不再有这样的声望或自夸的权力。少了服务器在自己大楼里发出嗡嗡声，就感受不到那种安全感和实在感——即便有各式各样的作业优势存在。

在某种层面上，这样的心态也是你的信息人员的想法。他们比较喜欢自己的技巧有高度需求，希望每个人都靠他们来完成任何有意义的工作。为了消除这些疑虑和畏惧，你真正能做的就是提醒大家，商业环境一直在变，不善加利用绝对是退化。

云端是非常适合大众的，它意味着电脑资源将会扩展它的运用，涵盖原本因为不经济会造成浪费而无法尝试的任务。的确，你使用的服务器或许不在现场，但是指挥这些服务器的脑力仍然留在你的公司。

过去晋升到顶尖位置的信息人员，在即将来临的云计算时代，会尽一切可能再次攀登顶峰。他们会设法运用这些新资源、组合新的应用程序并想出更好的方法，让公司完成预期目标。认同的顾虑和议题只会在转换期出现。这些是可以理解的，但只有短暂的意义。

危险 4：套牢

使用云计算快速、便宜且便捷。不过你在那里待得越久，你的资料就累积得越多，你转移到另一家不同的云端服务业者也就会变得更困难。如果你有庞大的资料库储存在云端——达到几百兆位的信息或上千兆位，那么从一家云端转到另一家，下载及上传资料的费用会十分庞大。亚马逊公司目前就 10 兆位的资料传输量收费 10 美分，所以每千兆位的费用就是 10 万美元。

要处理这种状况，你在规划所有的云计算成

本时，就应该评估更换云端商家计划的代价。你也应该了解每家云端自己预设的档案格式和程序界面。目前，产业的标准还没建立，虽然它最终会出现。要让自己的应用程序在云端执行，你必须找出如何把资料包装成云端所要求的格式，因为它和你内部目前使用的格式是不同的。这件事是完全可以处理并且也一定会获得解决，但是如果你在将来任何一个时间点更换云端的供应商，别忘了你也必须同时改变自己这边的云端界面。

目前有好几个尝试简化这种转换过程的公开源代码项目正在进行。将应用程序从一家云端移到另一家，仍需要进行某些调整，因此将来要做的工作就是要保持应用程序不变。

关键思维

云计算采用一整套在其他地方已经验证过的科技，并且利用它们创造出全新的规模经济以及崭新的终端用户服务。每个人都被云端数据中心的规模所迷惑，也对终端用户运用这样的资源所可能达成的成就感到雀跃。

——查尔斯·巴布考克

危险 5：安全性

谈论到安全的议题时，你必须假设云端会比你自家设置的数据中心更不安全。

只要想到下列因素，便会轻易得出如此的结论：

◎在云计算的经营模式之下，两家竞争的公司有可能到最后会分享同一台服务器。资料的区隔只依靠着软件，这套软件或许具有不可思议的完整度，同时还有保护层、防火墙、筛选器和入侵侦测系统，但它靠的终究还是软件而不是实体区隔。有一天，黑客会找到方法破解所有的防护系统，取得你的资料。

◎云端服务器会成为各路人马的目标——一边是企业用户，另一边则是大众。这里的“大众”包括病毒的开发者、剧作家、恶意软件植入者、黑客、僵尸网络、远端控制软件开发者和其他人。每个人都热切地想要得到作为第一个进入云端服务器的黑客头衔。

这些安全问题必须严肃地看待。云计算是尚在成形中的新概念。对于在单一的共享硬件上运行多重的虚拟服务器，目前还没有多少年的经验。对于这些持续的攻击，管理虚拟服务器运作的“超管理”运作软件能承受持续攻击的限度仍不明朗。

对于安全性的议题，云端服务业者正忙着开发一整套的最佳作业规范。每当新的虚拟服务器建置完成时，它一定会配置自己的防火墙和数字认证金钥。积极地安装管理软件，可以在入侵者建立存取通道时迅速地侦测出来。

安全是所有新的服务器软件开发过程中不可或缺的一部分。有许多公司开始开发软件，提供虚拟机器安全保障。就某个程度来说，在搜集到丰富和详细的用户知识之前，任何断定安全是否会成为云端问题的声明都还言之过早。目前云端服务业者对于任何出现的威胁都会非常积极主动地进行应对。

关键思维

在这个年轻的产业中，买家要自己当心，不过早期的使用者同时也会从云计算如何运作，以及成本结构可能产生竞争优势的经验中得到回报。谈到云端时，它的操作手册——即记载最佳作业规范的文件仍然在撰写中。在它的领域中，授予直接体验或许是找出优先要务的唯一方法。

就虚拟机器运作的某些安全要素而言，风险确实存在，但现在已经投入资源去寻找危险之处。完善的解决方案一定会到位，而一些阻碍健全运作的障碍也会一一消失。

在拥有私有云的欲望出现之际，造就云计算的科技融合也将再次提出新的管理工具和新的安全工具，使它的运作臻于完善。我们正处于这项进程的开端，而不是结尾。对私人企业数据中心运作的虚拟机器提供安全保证——以及公共云，会让这两块领域的作业得以调合，趋向联合作业的方式，进而强化经济规模。

——查尔斯·巴布考克

四 可行的云端经营策略

要保持竞争力，就必须改变认为电脑资源很昂贵的心态，并且善于运用大量资源给客户提供更好的服务。如果你不这么做，别人肯定会做。

一直以来，公司认定信息和电脑资源都是昂贵的，所以要把它们保留给那些经过训练的人员，以便可以有效运用它们。云计算戏剧性地改变了这种形势。突然之间，企业必须针对运算能力不再昂贵、完全不受限制的状况进行重新组织，当然也应该配置更多运算能力在公司所做的每件事情上。

总之，对于每种想得到的商业流程，云端几乎都有潜力成为主要的破坏力量。你的经营策略必须根据云端经济即将到来的想法来进行开发，等到信息积累成价值链，便能整合成更聪明的商品或服务。

关键思维

虽然尚未得到证实，但是很多人直觉地认为云端有可能进行商业运算，就如同互联网为私人公司网络所做的一样——提供一种大众可使用的资源，规模大到几乎足以处理任何任务，同时只收取普通的价格。对于云端抱持怀疑的想法仍旧存在，但是先驱者将会证明它的可行性。

不论你怎么称呼它，经济正明显地向以信息为基础的服务方面进行转型，并且向精密的组合方向发展，这样企业也可以轻松应付这个复杂的世界。

——查尔斯·巴布考克

可行的云端经营策略，很可能是围绕下列五项关键要素展开：

关键要素 1：更简短的沟通路径

在云端商业时代，运算能力是如此的充裕，几乎等于没有限制。如果你执着于过时的概念，把运算能力当作稀有且有限的资源，那些运用大量运算能力来实现自己最棒构想的公司就会超越你。

云端是软件开发和服务整合的理想平台。你也应该在你自己的公司中，规划它的运用以缩短沟通路径。例如，你可以备妥云端的社交媒体工具，让人们通过它进行项目合作。你也可以建立内部的维基百科，让人们取得解决顾客问题的创新方案。

同样的工具也可以用来让所有员工聚在一起，分享他们的知识。一个好的维基百科可以成为公司对某项议题的知识汇编工具。你也可以利用它让大家一起合作，找出吸引人才的最佳方式。对于公司中存在的集体智慧，要想让每个人都可以取得，云端正是一个绝佳的工具。

关键要素 2：更深刻的顾客关系

同一公司的不同部门有自己传承的个别信息系统，这是常见的现象。有时候深入了解这些不同的服务器是有困难的，因为它们组合了不同的软硬件。反之，如果一切都装设在云端，对于任何可取得的资料，每个人就可以轻易地进行分析和相互参照。

这样做的结果是，公司中的每个人都可以进一步了解顾客，也会因此深化并强化顾客关系。在所有人都可以存取一个共通的电脑平台时，信息的取得、分享和协作也会变得更加容易。通过云端搜集更多的顾客信息，然后进行分析得到独特见解，就会变得可行。

关键思维

当然，云计算有可能无法解决所有问题。人类的才智仍然是面对挑战的终极要素。但是，备妥解决问题所需的适当训练、适当工具和适当平台，便有可能造成生存与否的不同结果。员工之间更简短的沟通路径和更深刻的背景关系，以及公司上下更多的知识分享，就等于是重新组织企业，让它更有能力处理未来必定会面临的改变。如果一家公司不必促成这些事就能达成上述一切，那么也就不需要云计算了。

——查尔斯·巴布考克

关键要素3：以经验为基础的营销

运用云计算，你的公司可以从网站上提供商品或服务样品给潜在顾客，而不只限于信息。你或许可以在顾客花钱之前，就有机会展示你能够为他们做什么事。

理想情况是，你希望顾客可以启用他们自己的新账号，得到一份可用的服务清单。你甚至可以容许他们在网络上制作自己的特制产品，然后再决定是否购买。有了精密的软件和云端，就可以做到复杂的运算。但愿受到感动的潜在顾客也因此能变成快乐顾客。

在潜在顾客忙着做这些事的同时，你可以针对目前状况搜集所有资料。你可以容许顾客在网络上制作自己的特制产品，然后看看是否将这些高级方案整合到自己的标准产品之中。要学习如何进行更好的营销，以及如何根据真实的顾客经验进行产品开发，云端是一个绝佳的方法。

关键要素 4：作为连接顾客的平台

全球信息网的历史虽然还没有很久，但是已经前进到第三个发展阶段：

（1）当全球信息网开始出现时，人们只是在上面阅读发布的文件。人们上网购买上面已有的东西。

（2）接着用户可以通过网络设定的格式输入资料，传送信息给厂商。这种方式造就了音乐下载、网络拍卖、零售和其他交易平台的实现。

（3）随着云计算的扩展，网络进入了更具破坏力的第三阶段。点对点的对等互动方式将会变得更有威力。不仅彼此进行信息交换，更广泛的服务和产品也将出现。数据中心将给用户提供更广泛的选择。服务也可以做更精良的调整，成为更密切符合顾客喜好的个性化服务。这种状况会造成终端用户协力打造的产品出现。

云计算具有改变企业和顾客联系方式的潜能。你应该开始找出如何把顾客带进自己设计团队的方法。

要弄清楚如何运用更多的运算能力来降低自己的成本，并强化自己的信息内容。还要记住，云计算的门槛低到不可思议。想要得到大量的运算能力，你不再需要花费数百万美元——唯一需要的就是一张信用卡。无论是采用哪种形式，它都将成为改变游戏规则的颠覆者。

关键思维

破坏性技术常常有办法完成过去被认为不可能的事，而破坏性技术的市场也常常是从意外的成功中浮现出来的。发现通常来自观察人们使用产品的过程，而不是聆听他们怎么说。

——克莱顿·克里斯坦森

哈佛商学院教授

聪明人早已抓住云计算的机会，以现有企业无法预见的方式加以运用。充满热情的人会突然发现，云端提供给他们一条康庄大道，可以完成自己一直想做的事，例如研究某个问题、组成一支团队，或是提供一项服务——他们将会在云端找到实现的方法。

——查尔斯·巴布考克

关键要素5：开始一些云端实验

云端是一个崭新的商业工具。至于云端在企业上的运用以后会如何发展，目前还不明朗。与其被动地等待未来的降临，不如开始试着去找出运用云端力量的最好方式。最佳方法是允许你的员工利用云端进行实验：

（1）在每个事业单位找出2～3名绩效最佳的人员，要求他们组成一个非正式讨论小组。请他们回答这个问题："我们的产品和服务会受到云端什么样的影响?"以及"身为一家企业，我们该如何利用云端带来的好处?"让他们产生一些构想然后加以尝试。

（2）现在就开始训练员工，学习如何在云端建立原型服务。让他们利用云端上的顾客服务进行学习，并了解这些原型产品会获得顾客怎样的反馈。

（3）开始规划有哪些服务和哪种类型的工作，在未来可以转移到云端。

（4）弄清楚可以提供给顾客的产品和服务。寻找适合的软件工具，改善既有的产品和服务，或是协力创造出更高级的产品。让他们在云端服务器上进行实验，但不至于对你既有的业务造成干扰。

（5）观察你可以如何利用云端来建立一个生动且活跃的社交媒体，让顾客对公司提供反馈信息。提供一些有趣的云端软件工具，让社交媒体得以运作。看看他们是否可以设计出比你更好的下一代产品。把你的专业知识提供给他们，看看他们会有什么样的产出。

（6）利用云计算平台为新市场播种。把一些产业外的人才，通过独特的方式聚在一起，看看他们有什么想法。

对那些可能成为你未来顾客的人，要提供给他们更大的力量。

关键思维

作为商业平台，云端提供了每天24小时的业务运作，展现了企业的丰富知识和专业诀窍，并且针对该专业诀窍建立互动社交媒体。这其实就是所谓的云端革命：在经济规模上扩增10倍，对终端用户运算能力也有类似的强化效果，也提升了企业和顾客之间联系的能力。

云端也是一股潜在的破坏性力量，即将袭卷许多产业。在云端平台上，新进者有能力创造公平的竞赛场和合理的交易往来，借此和既有业者一较长短。云计算会让你的公司成功吗？还是会有其他的结果？答案就掌握在了解这项革命、掌握资源并努力进行的人手中。

——查尔斯·巴布考克

将点击转化为交易

把网络点击率变成破表业绩

Turn Clicks Into Customers

Proven Marketing Techniques for Converting Online Traffic into Revenue

原著作者简介

杜安·福利斯特(Duane Forrester)，毕业于加拿大布兰登大学，担任微软资深程序经理，负责MSN的内部搜索引擎优化计划。他还协助管理网站，并开设自己的博客。每月在网站发表专栏，经常受邀到搜索产业会议发表专题演讲。著有《用博客赚大钱》一书。

本文编译：林俊宏

主要内容

主题看板

秒杀营销术

在这个电子商务兴盛的时代，网络卖家都在问同样的问题："到底要怎么卖才能让顾客抢购、秒杀商品?"关于博客、社交媒体营销术的书籍杂志，简直多不胜数；更别提一些知名博客，历年来在网络趋势观察以及网络创业投资等相关议题方面累积了无数文章。网络生态瞬息万变，在虚拟世界中要让消费者按下订购按钮，化为"点击成金"的实体收益，绝对需要一套系统的营销策略。

举例来说，就多数网站而言，75%以上的访问流量都来自搜索引擎。搜索引擎可分为三种：自然搜索、付费搜索和本地搜索，各有其运用要诀。要找出网友最可能使用的关键词、定出简短难忘的域名、让网站结构尽量维持单纯、拥有至少100个不同页面等，就可能让网站设置优化，有效利用搜索引擎，从而让网站访客变成付费顾客的转换率飙高。

社交媒体的营销术又是一门大学问。你必须先提供你的专业知识，让网友们认同你是某领域的专家，并且为社交媒体的成员提供协助，致力于贡献社交媒体。一旦取得网友信任，你甚至不必辛苦打广告、做营销，其他用户自然会自己做功课，看看你提供了什么样的产品和服务。另外，开博客也可以增加你在网络世界的曝光率，并借此与有兴趣的网友持续对话。增加流量以销售广告，或是直接推销产品和服务，皆可为博客制造收益；但所有信息务必保持透明，绝不要留下任何令人疑虑的话柄。

无论你是不是网络卖家，或者你身处的产业是否与网络相关，你都必须了解云端时代的全新商机，学习如何用最少的花费，达到最大的曝光效益，创造最高的收入。福利斯特分享自身网络营销与网站建置的多年经验，以最实用、最简易的技巧，让你变身为纵横电子商务的营销达人！

5分钟摘要

把网站访客变成掏钱的顾客

网络卖家最常遇到的问题就是："该怎样让网络流量变成实际的业绩?"只要详细探究产生流量的主要路径，并列出应对处理的不同方法，你就能找出提高顾客转换率的最佳方式。增进流量和转换率的主要方式包括运用搜索引擎、网络广告、视频及网络研讨会、社交媒体、电子邮件、购物车改良等。只要用心规划，必定能让网站带来收益。

想让网站带来收益，就需要用心规划，不断努力。有两件事情必须谨记在心：

(1) 点击：设法让人拜访你的网站，接触到你所提供的优惠。

(2) 顾客：要有可行、有效的策略，让访客变成你的顾客。

最后的结果是成是败，关键就在于能不能做好这两件事。

想让收益和业务都达到最高，很少有人提到的一点是，网站必须以最佳的方式来处理各个流量来源。面对不同的流量来源，必须采取与众不同的做法和独门秘诀，才能让访客变成顾客。如果能将顾客“为什么买”和访客“为什么来”这两件事结合起来，访客变成顾客的转换率就会大大提高！

一　搜索引擎

许多网站75%以上的访问流量都来自搜索引擎。如果能让相关配置更加优化，就可以使总收益大幅提升。

使用搜索引擎的关键在于：

◎ 了解网站设置的要领。

◎ 为网站内容设计一套编辑计划。

◎ 掌握五大信任基础，将访客转换成顾客。

◎ 简化销售过程。

◎ 缩小销售范围，以本地顾客为主。

有三种基本方法，可以为你的网站带来流量。如果想让收益达到最高，处理方式则必须有所不同：

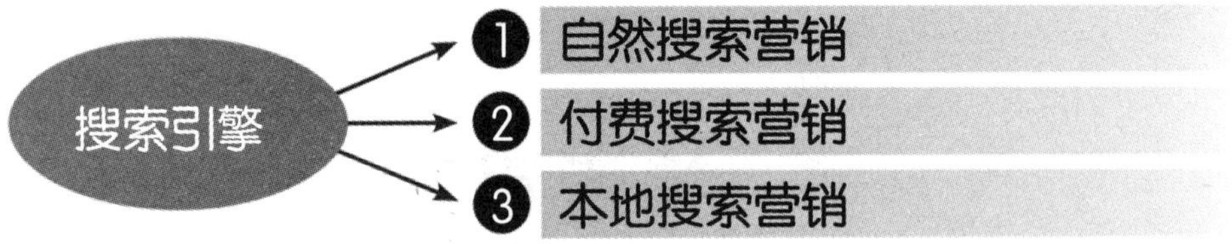

（1）自然搜索营销是指人们搜索某个词语的时候，出现在搜索结果中的排序。想让自己从自然搜索中得到更高流量，就要依照搜索引擎优化（SEO）的概念来建造网站。自然搜索的营销成本较低，长期效果也比较理想，只不过上路前的准备期会比较长。

（2）付费搜索营销指的是付费购买搜索引擎所带来的流量。设定的重点不同，价格也不一样，但毕竟这是一笔直接成本，所以会希望由此获得更多的销量。

（3）本地搜索营销则是将你的搜索结果联系到特定的城市或社交媒体，让你的地址、电话成为某区域不可或缺的一部分。

这三种搜索引擎策略都可以应用销售漏斗的概念，图示如下：

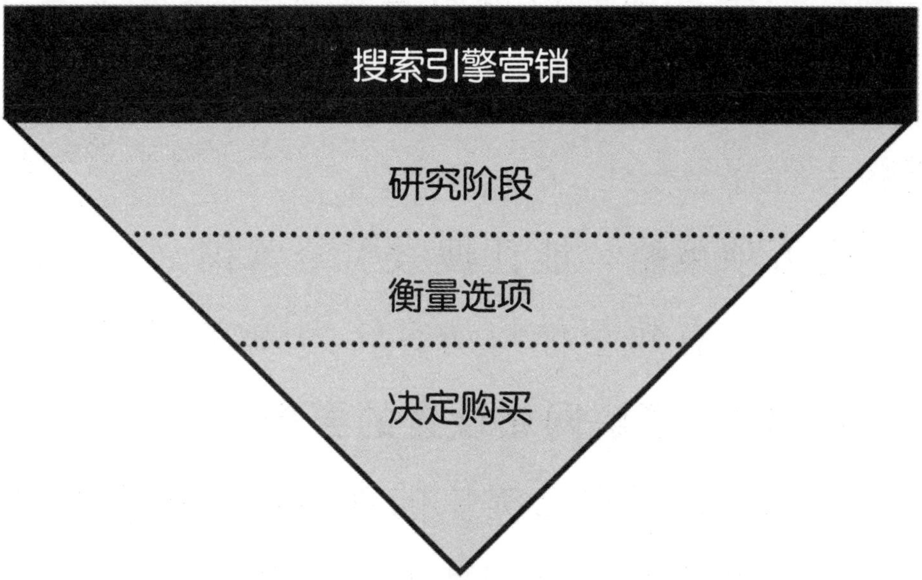

（1）在早期研究阶段，人们会先研究各种选项，看看有什么选择。这里的重点是自然搜索的结果。当访客来到你的网站时，要让他们觉得这里真是资料丰富、取用不尽。

（2）接下来，访客会开始进行比较研究，也就是衡量各种选项，将你和其他竞争对手所提供的信息作比较。只有那些真的有意购买的访客，才会走到这个阶段。

（3）等到决定购买，人们会开始评价你的付款系统，看机制是否简单便利。付费搜索营销的效果，主要显现在已经打算购买的消费者身上，这时你就该有行动导向的登陆页面，协助他们完成购买程序。

有五项策略，能让搜索引擎营销（自然、付费和本地）有效帮你将访客转为顾客：

策略 1：了解网站设置的要领

首先，针对自己提供的项目，找出人们最可能使用哪些关键词进行搜索。再依此信息来设计网站，满足消费需求。

（1）依据最相关的关键词，找到一个简短难忘的域名。

（2）让网站结构尽量维持单纯。如果主要内容隐藏在超过五层的结构中，就会被搜索引擎的网络爬虫程序判断为较不重要，而较难被搜索到。

（3）提供描述性、准确的页面标题、后设描述、后设关键词、H 标签和图片 ALT 标签（如需进一步技术细节信息，可上网站以关键词搜索)。

(4) 将内容分散在不同页面之中，让读者在你的网站流连忘返。如果想要网站具有权威感，则至少需要有 100 个不同页面。就搜索引擎而言，一页约 250 字是最适当的字数。

策略 2：为网站内容设计一套编辑计划

如果网站能事先订好一套完善的编辑计划，而不是随机刊登手中的资料，搜索的排名就能提高，也更能将访客转换为顾客。编辑计划做得好，就能让访客获得深刻而丰富的网站体验，也会让搜索引擎常常造访你的网站、编出更深入的索引，而这正是你想要的结果。

要提出有逻辑的计划，让网站向整体目标迈进。为编辑计划制订相应的日程，明确何时更新网站、提供新鲜内容。如果你持续在网站发布新信息，就能让读者和搜索引擎更频繁地回来造访。

你甚至可以投入一些时间，定期改写对于自

家产品的描述。如果产品描述和网上其他的产品雷同，就很难脱颖而出。如果你能有独特，或是更丰富、更细致的陈述，就更容易成功。先观察用户如何与你现有的内容互动，再找出全新的、有创意的方式，来提供更多他们喜爱的内容。只要有绝佳的内容，就会让更多链接连到你的网站。链接越多，就越能提高在搜索引擎中的排名，也会提升你的网站声誉。链接的质量虽然比数量更重要，但还是要逐步增加数量。

关键思维

可发现度可能是所有企业面临的最大障碍。传统店面需要有良好的地段，带来大批人流，才能让销售不断攀升。而网络也适用同样的规则，你需要有人造访网站，才能跨出将访客转成顾客的第一步。没有访客，也就不可能有销售，所以确保访客找得到你的网站，可谓至关重要。如果你的网站易于浏览，访客也就能轻松找到你的产品和服务。这不只是多数使用者对电子商务的期望，也是搜索引擎的重要功能。

——杜安·福利斯特

策略3：掌握5大信任基础，将访客转换成顾客

由自然搜索结果前来的网站访客，可能并不会立刻准备购买商品。要将这些访客转换成顾客，就得想想他们究竟在意什么。他们先信任你，然后才会向你买东西。想建立起这种信任感，网站就要夯实五大信任基础：

（1）权威感：针对你要销售的产品，不能只是提供各种规格细节，还要有各种详细的解释、说明，以及多张图片等等。如果你能证明自己值得信赖，搜索引擎和用户就会认为你是该领域的权威。

（2）说明解释：为使用者提供各种关于如何做的信息，他们就会更加信任你。一开始，可以先提供完整的常见问题及解答，再逐步增加教程、使用指南、计算器等等。

（3）简单易懂：如果使用者觉得你的网站简明易懂，他们就会更加信任你。提升信任的方式有：

◎ 将重要信息列在每页的最上方。

◎ 细节信息列于下方的页面内容之中。

◎ 信息的编排方式要一致而且有逻辑。

（4）后续活动：想办法维持话题热度，吸引人们日后还会前来造访，一个绝佳的方式便是在购物车之外列出一个愿望清单，使用者可将有兴趣的项目列入清单，下次造访时就可以收到提醒。

（5）安全性：你必须采取各种可能的安全措施，让用户知道和你交易时，各种信息安全无虞。

发展信任是一切的关键，特别是访客来自自然搜索结果时更是如此。想让这些访客变成顾客，你就必须让他们对你产生信任感，而秘诀就在于这五大基础。以建立信任为重点，培养出信任感后，商业往来就能水到渠成。

策略 4：简化销售过程

如果访客来自付费搜索来源，他们就已经有所准备，即决定是否立刻购买你所提供的商品。要抓住这些人的心理、提高购买几率，就必须让销售过程变得简单、直接。

这里的关键是要有独特的登陆页面，要针对会回应付费广告的潜在顾客，对页面进行优化。好的登陆页面能够提供种种决定所需的信息，以及清楚、直接的交易步骤，两者结合起来，便能推动销售。登陆页面可以通过销售漏斗，一举将访客转换为顾客。

你的登陆页面可以改造自其他网页，也可以由你自己从头打造。使用登陆页面的好处在于你可以随时追踪各种结果、执行各种版本的比较测试，以及学习如何提高转换率。设计优良的登陆页面应该与最初带来流量的广告具有相同的主题，接着引导用户逐步完成购买程序。

策略 5：缩小销售范围，以本地顾客为主

本地搜索代表你希望的搜索结果与地理位置

相关，而非更多地与产业相关，也就是希望顾客造访你的实体店面。这种搜索模式可以提升亲自上门的顾客数量，而不是网站上的浏览次数。

想要本地搜索做得好，就需要具备店家地址和电话号码，而不只是单纯的网站。谷歌为企业提供一种网上填入的表格，可以注册使用本地搜索。为了确认提交的信息是正确的，谷歌的技术人员会致电或邮寄明信片到你的联络地址，提供认证码，以便完成验证程序。

要将本地搜索的流量转换成顾客，关键在于服务或商品是否方便取得。如果你做的是水电工之类的服务业，就必须有 24 小时热线电话能随时联络到你。如果你希望吸引消费者走进你的店面，则需要在你的本地搜索信息中，明确指出营业时间。会使用本地搜索的人，多半在搜索之后会打电话或亲自上门，而不是写电子邮件给你，所以你必须做好准备。对顾客的需求能否迅速回应，有时正是销售的关键所在。

本地搜索就像一个持续互动、不断更新的黄页。要将这些流量转换成顾客，就需要使用各种传统技巧。你如何对待你的潜在顾客，就会影响他们是否决定购买、是否会再次购买，以及是否会向朋友推荐。只要掌握各项基础做法，让店务运作顺畅，本地搜索就能发挥惊人的作用。

关键思维

你的网站必须同时处理多项工作，而且必须精通。不论哪一点出了问题，都会对整个网站有不良的影响。网站必须有教学说明的功能，还要具备销售能力，是个值得信赖的资源，甚至可以是一个社交媒体。以上这些工作，只要你能在部分或全部之间达到平衡，你的网站就能成为业界的领导者。网络事业要成功，接待访客就和吸引访客一样重要。

——杜安·福利斯特

二　横幅广告

在网站上投放横幅广告，可为网站营造收益，也能为网站带来符合目标族群的使用者。

利用横幅广告的关键在于：

◎ 通过网络广告服务或直接接触具有利基市场的领导业者，为横幅广告找到适当的摆放位置。

◎ 打造引人注目的横幅广告。

◎ 持续进行测试比较，找出哪种方式最适合。

◎ 清楚明白地向潜在顾客传达，心动不如行动。

策略 1：为横幅广告找个好地方

要想为横幅广告的摆放找到正确的网站，大致上有两种方法：使用相关网络广告服务（如谷歌的关键字广告），或是直接找出想投放广告的网站，并和他们接洽。两种方法各有优缺点，举例来说，如果使用专门的网络广告供应商，最后广告出现的地点可能不尽如人意，也就是说，你的广告可能出现在不够适合的网站上。而要直接和想投放广告的网站联络，可能得花上大量时间，而且也不一定能知道他们真正的网络流量。

横幅广告有各种各样的形状、大小、摆放位置。一般来说，广告大的比小的好，而页面上方则是最佳位置。所以，记得将你的广告尽量放在上方明显的位置，也就是在用户开始要向下滚动的部分以上。协商广告位置的时候，还是要以预期的业绩表现为重。如果业绩超过预期，就可以继续下去；如果低于目标，则可以要求增加广告量，或改用依业绩付费的方式。

策略2：打造引人注目的横幅广告

有一句老话是这么说的："一张好图片，胜过千言万语。"这句话对横幅广告尤其适用。最有效的横幅广告，必须有引人注目、光彩夺目的图片，加上动态标语提供令人心动的各项优惠，才能让人立刻采取行动！

想知道哪个视觉影像的效果最好，答案不一定显而易见，但你可以列出各种可能性加以测试。视觉影像也应该简便，可以迅速显示图像。针对你组合出的横幅广告，每种都要有多个版本。横幅广告的新鲜感消失得很快，因此必须随时投放新的广告。只要感觉目前的广告开始失去魅力，就要立刻推陈出新。一般来说，每则横幅广告只能用3～4星期，之后效果便会开始下滑。

不要忘了，动画很适合横幅广告。有一些优良的套装媒体软件，像Adobe的Flash或微软的Silverlight，都能用来制作醒目的横幅广告，它们可以结合动态来吸引人的目光。别忘了充分运用现成的各种资源。

策略3：持续进行测试比较

横幅广告是放在网站上的，因此很容易测试

看看哪个效果最佳。不管是广告的图样、号召性的标语，或是横幅广告上的各种元素，都可以即时调整。另外也可以测试小型广告和大型广告的效果等，让顾客来告诉你，如何将你未来的广告做得更好。随着时间的推移，你可以再次使用那些效果最好的词句和图像，搭配出最有效的组合。

记住，要做好横幅广告，就要时常准备着推陈出新。不要等到广告过时，要不断尝试新的思路、新的方法。

策略 4：清楚呼吁潜在顾客，心动不如行动

一般来说，你只有 5～15 秒的时间来引起网站访客的兴趣，让他们点击你的横幅广告。如果过了这段时间他们还没有点击，说明他们已经跑到别的地方去了。所以，你必须让横幅广告明确、明显，号召潜在顾客立刻采取行动，如“今天就买”、“立享优惠”、“马上注册”、“立刻登陆”、“现在就和我们联络”。

除了要在横幅广告中放入明确、明显的行动

口号，你还需要准备专门的登陆页面，来配合广告宣传。千万别以为，那些点了广告的人会有耐心慢慢地看完你的整个网站，找出他们感兴趣的东西。你必须要有重点明确的登陆页面，从一开始就鼓励访客与网站多加互动。

要尽量让网站便于使用，以便访客采取进一步的行动。举例来说，网页读取速度要快，要放上你现在累积所得的信息。如果前面已经要求过个人信息，千万别提出重复的要求。对细节必须格外谨慎，要提供各种诱因和动机，吸引访客在你的网站继续向下走，而不是转头离去。

仔细观察流量资料，以得到更多的调整线索。如果你发现人们虽然点击横幅广告，但最后买的却是完全不同的东西，你可能就要改变广告的设计，注重那些销量较佳的项目。针对顾客确实会购买的项目来打广告，就可能让整体收益大大提升。

所有这些关键要素也适用于你在自己网站上

卖广告的情形。如果加入了谷歌关键字广告之类的方案，你就会得到各种分析工具，可以测量和追踪网站上的广告效果。这些数据也应该与广告客户分享。要为你的网站留住好的广告客户，这里有几种可行的奖励方案，包括连续签约半年以上即享有折扣。你可以试试看能否制订聪明的广告轮换制度，让所有广告客户有一段时间都能得到他们最想要的广告位置。也要准备好重新设计网站页面，让广告客户可以尝试不同的横幅广告尺寸等。

收集广告客户相关数据的另一个好处在于你可定期提高广告费用。如果能以数据显示哪个广告空间更有效，之后就能针对该项空间定出更高的价钱。

三　视频/网络研讨会

要想在电子商务业界保有权威地位，就要擅用视频和网络研讨会。视频可以为网站访客提供丰富的体验，并建立可信度。

想要有效使用视频和网络研讨会，关键在于：

◎ 视频必须有趣、独特、令人难忘。

◎ 保持简短。

◎ 完整填写所有相关细节叙述栏，让人能够更方便地找到你的视频资料。

◎ 在卖东西和提供信息之间，寻求最佳平衡点。

策略 1：视频必须有趣

视频是一个绝佳的工具，能用最好的方式来展示你的种种成果。你会希望创造出独特、有用的视频，好展现你的专业，例如拍摄一些具有新闻价值的事件，或是呈现你对这个世界的看法。其中，对于某些产品或服务的评论通常效果不错，可以作为一个很好的起点。而在视频的呈现上，务必要达到专业水准，让你看起来根底扎实、形象专业，而不是随随便便、吊儿郎当。

别忘了，视频可以加上类似网站地址或是相关信息的水印，好鼓励观看视频的人连到你的登陆页面，以取得各种特殊、限时的优惠等。关键是要让观众觉得重点一目了然，他们可以依兴趣进一步浏览。

策略 2：保持简短

最有效的视频长度是 3 分钟左右。情况许可时，也可以稍长或稍短，但还是应该以 3 分钟为目标。视频如果较长，就得花上更久的下载时间，但一般人并没有太多耐心。所以除非有很好的理由，否则还是别超过 3 分钟。

策略 3：提供细节资料

视频的搜索引擎和一般搜索引擎不同，它们

没办法根据视频内容编出索引。因此，你必须就视频的主题提供导引，好让视频出现在正确的搜索结果之中。要达到这个目的，有以下几种方法：

（1）将视频嵌入登陆页面，并在页面中提供相关的文字内容。搜索引擎会自动假设嵌入的视频和这些内容有关。

（2）针对视频内容提供文字说明，好让搜索引擎编出索引。

（3）把视频放在一些视频网站的时候，也可以写下关于视频的关键内容，甚至是一篇简短的文字叙述。

（4）将视频的地址优化，让地址中包含关键字内容。

（5）鼓励观众对他们所看的视频内容留下意见。他们留下越多意见，搜索引擎对该部视频的索引也就会编得越完整。

（6）允许在你的视频中内嵌程序码。这样一来，其他使用者就能够在他们个人的网站或博客中，与他人分享你的视频。

最理想的情况是让你的视频达到病毒式传播：让许多人看到、分享，形成滚雪球一般的效应。要引发这种效果，就要启动 RSS（丰富站点摘要或简易信息聚合）供稿功能，以发布你的视频，让它能够不断分送传播。此外，你也可以为视频建立引人注目的缩图或快照，好吸引更多的人观看。

策略 4：寻找最佳平衡点

最好的视频，要能在卖东西和提供信息之间找到良好的平衡点。一方面你要解释、展示你的产品，另一方面你也要鼓励观众购买产品。如果能将观众觉得有用的资料与你想说明的信息取得巧妙的平衡，那么就能以有力且合理的方式影响观众进行购物决策。和观众分享你的专业知识，并教育他们，就能让他们学习到关于该项主题的知识，同时购买你的产品。

这就是网络研讨会可以发挥作用的地方。网络研讨会就是指网上的虚拟座谈研讨会，可以包括预先录制的视频资料、实况演示，以及后续的电子邮件。运用网络研讨会，不用直接提到销售相关事宜，也能够吸引并鼓励消费者与你进行商业往来。一场成功的网络研讨会，不但能展现你对某个主题的专业权威，也能让参与者接触到你的产品和服务。他们在得到新知的同时，必然也会受到营销的影响。不论如何，网络研讨会结束后，观众至少会知道你是这个领域的专家。

要成功举办网络研讨会，抓住销售漏斗各阶段所面对的各种客户，关键就在于：

（1）让学习成为乐趣：在座谈中谈笑风生，或是以幽默的方式呈现主题。

（2）让学习终生难忘：甚至可以从反面切入，像是“如何搞砸……”或“……最烂的方法”。

（3）内容应该简单扼要，结构要清晰。

（4）手法要细致：就算想宣传，也应该将小尺寸的商标放在角落，而不是让巨大的商标塞满显示器。

（5）致力于以影响、教育人为目标，让大家觉得自己变得更聪明。

（6）大量使用重点列表：重点列表可以让视频的结构清楚，沟通顺畅。

最重要的是要提供大量的附加价值。网络研讨会可以生动展示你的产品或服务，大幅提升其可信度，展现最好的一面，可以说是一种绝佳的手法。网络研讨会中，也可以邀请第三方及专家学者与会。他们会形成一种缓冲机制，让你的产品或服务更为可靠。有些话自己来说可能像老王卖瓜，不妨借他们来为你发声。网络研讨会确实是理想的方式，可以向真实存在的顾客推荐，从而接触到更多观众。这将大大有利于将点击的次数转换成真实的顾客数量。

四 社交媒体

社交网站和博客，绝对能帮助你把网站访客转换成购买的顾客。关键是要在定位、贡献和内容这三者之间找到正确的组合。组合对了，人们就会像信徒一样追随你的一举一动。

要让社交媒体成功，关键在于：

◎ 让网友有参与感，你也要擅用专业知识，成为自己领域的权威。

◎ 总是快速切入重点。

◎ 100％透明。

◎ 不断设想如何作出更多贡献，在持续对话中带来更多价值，并维持可信度。

策略1：吸引你的网友

要把社交媒体中的网友转换成付钱的顾客，就要设法让他们愿意投入，并成为社交媒体中积极贡献的成员。只要先提供你的专业知识，让众人觉得你是这个领域的专家，他们就会愿意付费，以换取你的知识。

事先规划社交媒体活动，让你的名字定期出现。这样一来，网友才会有信心，觉得你会一直出现，不断提供帮助和支持。另外，你所提出的信息必须结构有序、组织良好，干净、清晰、节奏明快，并拥有最高的品质。请注意，绝对不要发布任何莫名其妙的图片，也不要放上个人奇特品味的音乐。你可能觉得这只是个人行为，但这都会损害到你的网络形象。只要是你放上网的内容，都必须确保专业，而且能为你个人以及业务带来正面形象。

策略 2：总是快速切入重点

每一个社交媒体都各有个性和偏好，但有一点放诸四海而皆准，那就是简洁才是黄金准则。要想在社交媒体中脱颖而出，就必须快速切入重点。

不过，简洁也会带来负面问题：网友可能对你的目的妄下判断。如果你发布的内容都是样板的销售材料，而不是要和参与者进行双向交流，那么大家就会开始失去兴趣，甚至对你视而不见。你必须提供一些有用的材料来吸引网友的注意，而且这些材料还得做细微的调整，以迎合各种社交媒体的风格和偏好。出入于各个论坛之间，在适当时机提供你的专业知识，通常就能有不错的成效。只要你为各个社交媒体的成员提供协助，并以有所帮助的方式互动，就没有急着打广告、做营销的必要。其他用户会自己做功课，看看你提供了什么样的产品和服务。想让社交媒体上的点击次数转变为顾客人数，最好的方式就是致力于贡献社交媒体，而网友的购买行为，只是随之而来的副产品。

策略 3：100%透明

开一个自己的博客，可以增加你在网络世界的曝光率，而且能与对特定话题感兴趣的人持续进行对话。经常更新博客就能让人产生一种想回来看看有没有新鲜事的冲动。此外，博客也是测试新想法或是回馈旧客户的好地方。

要让博客成为赚钱的工具，有两种显而易见的策略可采用：增加流量以销售广告，或是直接推销产品和服务。这两种方法都可能成功，但这里还有一个关键：只要是可能引人怀疑的，都要诚实注明。例如厂商免费提供给你某项硬件，希望你写一篇评论，这项资料就一定要注明。就算看起来只是小事，也要让参与者知道任何可能影响对方判断的信息。要确保参与者能看到全貌，了解其中的一切。只要所有信息都保持透明，你就没有后顾之忧。如果你试着隐藏某些信息，就可能对你的信誉造成不可挽回的损害。

策略 4：带来更多价值，维持可信度

在社交媒体，要让访客变成顾客，最大的秘诀就在于要用心参与。社交媒体是一个很好的平台，不妨将社交媒体成员视为已经通过预审的潜在买家。无论是要设法将他们转成顾客，还是要提供有益的信息，都要尽量享受过程中的乐趣。

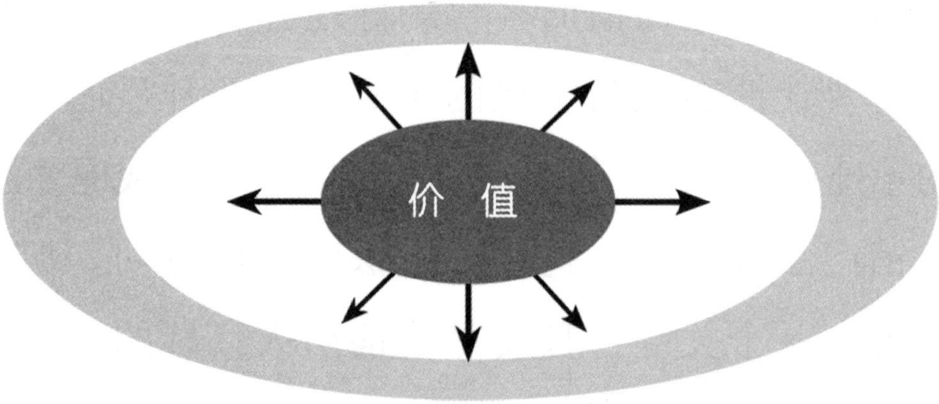

对于你所选择的社交媒体，你能带入的价值越大，网友转换成顾客的几率也就越高。大多数的社交媒体，爱恨都十分鲜明。如果你遵守他们的规则，致力于提升该社交媒体的价值，网友们就会极力支持你。如果你只想大打广告，违背了该社交媒体的精神，你就会受到公开抨击。

要想好好利用社交媒体，最好的方式是让广告符合社交媒体的口味，不要太标新立异。这是指要尽量达到平衡。如果你了解社交媒体的规则，而且让人看到你守规则，你就会得到尊重。

持之以恒，网友们就会认同你是该领域的专家。做事完全透明，不要有任何可供人挖掘的把柄，你就能高枕无忧。

关键思维

别放过在社交媒体上曝光的机会。社交媒体是推销网站最佳的方式之一，就像现代版的口碑营销。如果你的网站有超链接到社交媒体，就可以让访客立即分享关于你网站的意见。

——杜安·福利斯特

五　电子邮件

现在许多人都以为电子邮件已经不再流行，其实这仍然是将访客转成顾客的绝佳方式。重点在于要多花一点心思，不能只是发送垃圾邮件。只要精心设计，电子邮件就能让你得到非常可观的回报。

要想让电子邮件营销成功，关键在于：

◎ 清楚了解与电子邮件相关的法规。

◎ 寻找利基市场，而不是大众市场。

◎ 自己建立电子邮件的名单（而不是购买现成名单），并努力更新。

◎ 测试及改进电子邮件营销转换率的四大要素：主旨、称呼、内文、签名档。

策略 1：了解法律法规

2003 年 12 月，美国通过反垃圾邮件法，规定电子营销邮件必须符合以下要求：

◎ 标题不得有误导性的资料。

◎ 必须有准确属实的主旨行。

◎ 必须在邮件中明确指出该邮件为广告。

◎ 具有有效的实体地址。

◎ 告诉收件人该如何选择退出邮寄名单，日后不再收到你的来信。

◎ 迅速处理所有退出邮寄名单的要求。

◎ 监督以你名义行事的其他公司。

只要电子邮件营销符合以上要求，即为合法经营。如果漏了其中一项，就可能引来巨额罚款。

策略 2：寻找利基市场，而不是大众市场

电子邮件营销的新手可能认为，成功之路在于买到庞大的邮寄名单，随即开始发送信件。这实在是大错特错！最好的办法，其实是从头开始建立自己的名单列表，看看谁有兴趣和你进行交易。那些曾和你做过交易，或允许你联络他们的人，从访客变成顾客的转换率可达八成以上。

与其建立一个庞大的电子邮件列表，不如多

花些时间，把大名单拆成更小、更特定的名单。看看名单中有什么模式，可以让你加以分类。就电子邮件名单而言，小而目标明确的名单，会比大而漫无目的的名单更有用。列成一个个较小的名单之后，就可以将产品分成各种销售方案，测试哪一套方案对哪一群人的效果最佳。也可以调整各种要素，再追踪看看效果如何。举例来说：

◎ 图像该摆放在什么位置。

◎ 如何呼吁网友采取行动。

◎ 电子邮件中该放多少文字。

你还可以持续比较，看看哪一种方案的回应率最高。对你的名单对象来说，是希望折扣特别优惠，还是抢先别人一步拥有？邮件中放入更多图片的效果如何？各种垃圾邮件过滤器和使用者设定，是否也降低了回复率？测试一下你的邮寄名单，就能得到更多信息。

策略 3：努力更新邮寄名单

有了电子邮件的邮寄名单后，还必须即时、

准确处理任何取消订阅的要求。否则，不仅会面对法律问题，也会影响你关于回复率的数据资料。邮寄名单如果无法维持在最新状态，实用价值就会大打折扣。

策略4：测试及改进四大要素

要想电子邮件营销成功，你需要注意的四大要素是：

（1）主旨行：必须清晰、简明、真实，以吸引收件人阅读电子邮件的内文。可以准备好不同的版本，用邮寄名单中的一小群人加以测试。修正后，再对整个名单大批寄出。这样一来，就可提升整体的转换率。

（2）称呼：这是让你与收件人建立感情的机会。只要可行，尽量以对方的名字来称呼他。大多数试验证实，称呼中能叫出对方姓名称谓，回复率会比不具名的称呼来得高。

（3）内文：这是你想让使用者明白了解的信息。要假设你只有很短的时间来抓住读者目光，所以内文必须单刀直入，马上呼吁读者采取行动，让他们在想抓重点的时候能够快速找到。如果经过测试，他人推荐心得或其他信息也有助于提升将访客变为顾客的转换率，那么可以放在信件稍后的部分，但务必谨慎行事。在电子邮件营销上，通常还是最简单的信息能带来最高的点击率和转换率。

（4）签名档：这是你提醒读者各种最终期限的最后机会。大多数的试验显示，如果签名档能够使用真实姓名，就可以提升访客变成顾客的转换率。

利用电子邮件将访客转为顾客，其实是有相当微妙的技巧。四种要素中，只要有小小而细微的变化，都可能大大影响成功率。唯一能保证成功的守则，就是你必须针对这些要素做出各种改变，并评估结果分别是什么。

关键思维

电子邮件营销是以非常个性化的方式来接触

使用者，甚至更甚于社交媒体营销。因此，所有信息都必须经过精心设计，像销售用语、信息更新、订阅请求等，此外也要注意究竟要让谁收到哪些信息。千万别认为，只要有一个版本，就能走遍天下。电子邮件营销会考验你对利基市场的思考能力，你必须依据读者的反应，将邮寄名单分成不同种类。只要你仔细安排电子邮件方案和活动，就可能会缔造销售佳绩。虽然你可能得花上好几年时间，才能有属于自己的、可靠的电子邮件名单，但花费这些心力绝对是值得的。因为在此过程中，你必须针对各种需求来进行对话，这对营销能力也是很好的训练。

——杜安·福利斯特

六　综合统整

搜索、广告、视频/网络研讨会、社交媒体和电子邮件这五种将访客转换为顾客的策略，可以在各种不同的情境之下发挥功效。接着就要由你针对自己的需求，决定该如何采用各种策略。

接着，还会遇到两个潜在的问题，如果放任不管，可能会影响到转换的效益。

问题 1：购物车和结账过程

要想让访客掏出钱来变成顾客，就要将购物车和整体结账过程进行优化。如果没有经过仔细思考，并使用简便的结账系统，先前的所有努力都可能化为乌有。就实际而言，结账过程只有简短、贴心、简单，才能让最多的访客转换成顾客。

每当有消费者未完成结账程序，你就错过了

一次销售良机。要想将这种情况降到最低，最好的方式是：

（1）只有在用户准备进入订购程序的时候，才要求他们填写详细的个人资料。试着让他们有所选择，可以建立账户，或是使用匿名的快速结账系统。

（2）提供快捷键：像勾选某个方块，就能将账单地址资料复制到送货地址资料栏。这类简单的操作可以让使用者省下不少时间，增加对网站的好感。

（3）方便使用者在结账过程中新增其他选项，但必须继续在购物车模式下处理，而不是在一般的浏览模式之下。

（4）测试看看，如果允许使用者在结账前增加其他选项，究竟是会增加销售额，还是会因为流程被打乱，反而使销售下滑。小心不要为了几次单次的销售，就牺牲了长期的良好设计。

（5）考虑在购物车最后的感谢页面加上顾

客问卷调查，让你可以得到一些即时的意见回馈。

（6）设计一些逐步引导的浏览按钮，让使用者在已填写的网页之间可以自由来回改动，而无需一切从头再来。

（7）提供客服电话号码，以及即时通讯或联络人电子邮件列表等等，以便在购物车出问题时及时提供协助。

重点在于，使用者必须先觉得有安全感，并认为结账过程简单、透明，才会愿意掏钱购物。只要能满足这些要求，就能让访客变成顾客的转换率达到最高。

问题 2：分析数据

要想成功经营电子商务，就必须收集有用的信息，并据此做出明智的决定。分析可以说是任何网站的命脉，也是提升转换率所不可或缺的。要注意各项数据背后的意义，因为它可以让你抓住趋势。

要想得到并追踪关于网站的各项分析数据，方法有以下几种：

（1）谷歌网站分析：这是小型网站的绝佳选择，只要将一小段程序码放在你的网站上，谷歌便会为你计算详细的流量信息。谷歌网站分析和谷歌关键字广告的整合良好，可以针对广告支出和投资报酬率提出完整的追踪报告。

（2）AWStats（awstats.sourceforge.net）和 OneStat.com，则是可以代替谷歌网站分析的其他低成本选择。

（3）Omniture（www.omniture.com）和 WebTrends（www.webtrends.com）提供优异的追踪系统，每天可以处理数百万页面的浏览量。这些系统功能强大，且十分昂贵，因此往往用于较大型的网站。

（4）Conductor（www.conductor.com）和 Enquisite（www.enquisite.com）是搜索营销平台，但也提供非常详细的分析功能。

一般来说，网站分析多半集中在六个基本变项：

◎ 非重复到访人数。

◎ 页面浏览量。

◎ 网站停留时间。

◎ 网站进出点。

◎ 转换率。

◎ 投资报酬率。

将访客转为顾客的销售策略不同，所参考的统计数据也就不同。举例来说，如果你采用网络广告的策略，收入大部分来自广告，那么最重要的就是非重复到访人数、网站停留时间和页面浏览量。这时，比较你每天、每周、每月所做的事，就会相当有帮助。如果你采取的是其他策略，比较重要的就可能是其他变项。

关键思维

只要每天花半天时间来研究分析数据，就可

以轻松改善你的网站。等到建立起关键性指标，你就会越来越熟悉该如何找出重要信息。接触这些信息一段时间之后，你会开始看到并了解你的网站和访客，也能一眼看出其中的各种变化。整体来说，要试着每个月都能从各种来源得到更多推荐，目标当然是使走势不断向上。千万不要看到现在的流量就心满意足，一定要不断设法让流量有所提升。靠着分析数据，你可以了解与网站互动的使用者大致是什么样貌。虽然分析数据是比较枯燥的工作，但却是业务的核心。要敞开心胸、勇于尝试，同时探索各种增加转换率的方式。

——杜安·福利斯特

Ctrl Alt Delete，重开机

5 大潮流、7 大契机重新打造你的企业与人生

Ctrl Alt Delete

Reboot Your Business，Reboot Your Life，

Your Future Depends on It.

原著作者简介

米奇·乔尔（Mitch Joel），数字营销暨沟通顾问公司 Twist Image 总裁，但他更喜欢被叫作“媒体黑客”，《营销》杂志则称他为“数字营销的摇滚明星”。2006 年被评为全世界最具影响力的博客营销权威之一。2008 年被评为加拿大 40 位 40 岁以下最杰出人士。2010 年被评为 iMedia 全球 25 位网络营销领导者与创新人物。由于他对数字营销的精辟见解，谷歌特别邀请他到美国加州总部进行演讲。他也曾受邀至沃尔玛、星巴克、雀巢、宝洁等企业演讲。文章散见于《商业周刊》《快速企业》《营销》等杂志，著有《宅营销》一书。

本文编译：许恬宁

主要内容

主题看板

重开机——面对数字化浪潮的唯一应变之道

企业界正遭逢剧变，许多公司消失，许多人失业，这些你都很清楚。现在就是按下“Ctrl＋Alt＋Delete”键，重新打造你的企业和人生的时候！如果不这么做，你的公司将会逐渐衰退，而且未来5年之内，你可能会面临失业！

最新数字科技、智能手机、社交媒体、网络购物等，已从根本上改变了现有企业的商业模式，这是无法改变的事实。在这场数字化浪潮中，消费者越来越容易与其他人产生联系，获得更多信息。

而所有的产业与企业也正在经历剧烈的服务数字化——不仅包括所有的产品与服务，还包括运营方式。如果你还像面对第一代网站那样，只是把传统的销售传单改成数字版本，那么你再也跟不上接下来的变化。唯一应变之道就是像电脑一样“重新启动”。

诚如乔布斯所说：“如果你不把自己吃了，别人就会吃掉你。”米奇·乔尔同时也是世界顶尖数字媒体专家，他在书中强调，今日所有产业无可避免地迟早必须转型，重新打造商业模式，进入完全数字化的时代。他归纳得出企业必须善用5大关键潮流，以及个人可以好好把握7大契机，以确保自己在崭新商业界中屹立不倒。

你可以视这段转型期为痛苦期，因为没有任何适用的既定规则；也可以把这段时间视为一个千载难逢的机会，让自己的企业与职业生涯百分百重开机，成就一番大事业。这一切就看你能否下定决心“重开机”！

轻松读大师

一 企业重开机

目前企业界流行的 5 大潮流促使企业不得不重新启动自己的业务。这 5 大潮流正从根本上改变我们对于企业的所有认知。

潮流 1：与消费者建立直接关系

近年来，聪明的公司不再通过传统的零售或经销伙伴，而是自己努力和顾客建立直接的关系。此举十分聪明，因为接下来的 5 年，消费者只会向了解他们，并且已经和他们建立关系的公司购买东西。

未来要想成功，关键在于要让公司网页得到“赞”，而且要真的先喜欢你的顾客，并且知道他们来自哪里。

（1）苹果。苹果就是践行这个原理的实际典范。2001 年，苹果开了自己的零售店，给顾客提供“从摇篮到坟墓”的一生体验。苹果的零售体验与传统的消费型电子产品商店所提供的截然不同：传统商店到处摆满各种电脑，每个空间都塞满笔记本电脑；苹果却没有全力追求每平方尺的销售额，而是投资于顾客关系，采用了一种现在被视为非常具有前瞻性思维的商业策略。

顾客导向不只是要关心顾客而已。它要求你必须事事都从顾客的角度出发，而不是从你身为生意人的角度出发。

（2）Kickstarter 众筹网。Kickstarter 也是这种作法的典范。业主可以在计划还没获得许可之前，就通过预售与潜在顾客建立关系，确认一项产品未来是否有市场。直接的顾客关系正快速成为所有新创公司与产品研发活动的真正驱动力。

那么，你要如何更贴近顾客？世界上并没有保证一定成功的通用规则，但以下五项原则通常可以提供帮助：

（1）提供价值——并且赢得顾客忠诚。给顾客最优惠的价格，以及你能提供的最丰富的信息。

（2）公开透明——特别是你犯错的时候。如果能让顾客看到你正在解决问题，他们就会对你抱以敬重。

（3）清楚一致——以每周持续、低调的沟通，取代“乱枪打鸟”的公关策略。

（4）替你的伙伴制造双赢局面——让彼此能够合作，为顾客带来更多价值，而不是彼此竞争，争夺最大利益。

（5）寻找并培养真正的粉丝——提供会令你的重复使用者极力赞扬、到处宣传的产品或服务。如果顾客真的喜欢你，他们就会把你传递的信息视为礼物，而不是侵犯他们的时间。

潮流 2：消费者想要实用与价值

以前，广播电视上的广告很管用。然而，今日的消费者无论要买什么都有太多选择，他们更重视实用性。今日的最佳营销方式是替你的顾客做真正有用的事。如果你能做到那点，他们就会成为你最忠诚的顾客。

Nationwide保险公司是把实用主义当成营销工具的好例子。Nationwide的行动应用程序会引导用户逐步完成车祸后该做的事，提醒他们搜集信息、拍照，甚至还有手电筒功能，以防意外发生在晚上。此外，该应用程序还可以加速索赔，它通过无缝整合，可以让人们当场提出申请。它解决了顾客的麻烦事，为顾客与Nationwide带来双赢局面。

这是营销真正的未来。

如果想加入这场战局，你必须：

（1）别问你想要顾客做什么，要弄清楚他们的麻烦事——并运用新科技，找出方法来帮助他们摆脱痛苦。把顾客的需求放在首要的位置。

（2）扮演顾客——用更多时间扮演顾客，更少时间扮演坐在柜台后面试图让顾客掏钱的人。

让顾客方便，你就会成功。

(3) 不等待——做出好东西，把它拿出去并且做些宣传。如果你真的提供了价值，那就会是优秀的营销。

(4) 总是提出一个终极问题——“这东西好到让我放在自己的手机主页里吗?”如果没有，就继续努力，直到你做出那么好的东西为止。

(5) 简单就好——并且要骑在巨人的背上。好好利用消费世界新巨人创造出来的每样东西(编注：例如 iPhone、iPad 等设备)。让消费者在使用相关科技时，能够体验丰富的附加价值。

潮流 3：被动与主动媒体的汇流

媒体毫无疑问正处于剧烈变动的过程中。今日人们不大看电视播出的节目，更多的是用自己的移动设备，随时随地收看自己想看的节目。观众不再受制约——今日的世界更为分散。同样，书籍、应用程序与网站内容之间的差别也从模糊不清变得无关紧要。

世界正走向一个统一的平台，所有内容都要通过数字渠道来散布。

因此，未来的媒体产品将不是被动就是主动。差别在于：

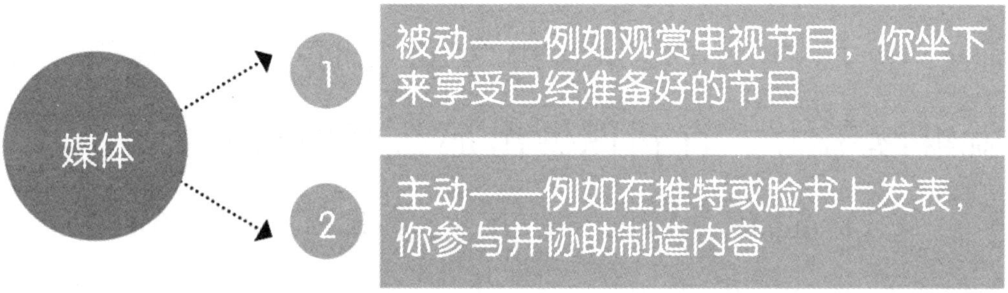

运用这两种媒体的各种广告与促销策略纷纷出笼：

（1）如果是被动媒体，轰炸的效果最好——准备好广告，然后到处展示。这是传统广告“乱枪打鸟”的模式。

（2）如果是主动媒体，触动人心的方式比较有用——让消费者体验你的品牌并写下他们的经验。他们不只是看你的30秒广告，还会产出他们自己的文章、视频等等。

一般认为，触动人心的方式比“乱枪打鸟”更好、更有效，但残酷的现实是，根本没有万能的最佳做法。对于某些品牌来说，和人们建立联系至关重要。对另一些品牌来说，只要到处散布信息就很有效。真正的当务之急是你要提供自己的品牌描述——一个能够提供品牌背景与意义的完整故事。主动或被动媒体都可以散布。

企业和员工必须谨记于心的媒体教训是：

（1）永远从原地起步——确认你既有的媒体组合，弄清楚目前何者有效、何者无效。你可能会很惊讶地发现，虽然你确实在使用主动媒体，却没着手寻求销售，它也没因此提高你品牌的知名度。你必须清楚检视自己正在做的事。

（2）弄清楚你的顾客是谁——做好你的功课。查明顾客目前是否正在运用科技与他人联系。你可能会很惊讶地发现，声称自己工作时不必上网的人，却在个人社交生活中运用了各种科技。你要追根究底。

（3）准备好花大量时间跟上主动媒体——在你能有所贡献之前，必须先花时间了解最新状况。确认你在运用媒体时变得更加主动。

（4）记住在面对主动媒体时，“关系”才是重点——即你如何与自己的顾客建立联系。

建立信任与信誉的唯一方式是不断且有规律地创造价值。

加入社交媒体是快速、简单又免费的方式，而有效运用主动媒体则是长期的行为。

（5）珍惜目前的转折点——老式的电视广播广告效益正在衰退，而且前景不明。你要珍惜眼前并加以运用，开始与你的顾客建立高品质的关系并向前迈进。

关键思维

现在就下决心拥有“数字化第一”的心态，深刻了解你的顾客。我们可以争论哪种媒体平台的优点能让顾客得到最多信息，但这类讨论的真正价值在于，要根据媒体提供给我们的大量机会，做出选择并采取行动。让其他人烦恼的是，与电视广告相比较，移动营销究竟会带来多少投资报酬率。你应该专注于建立主动与被动媒体联系，尽量以适合的方式服务你的消费者。

——米奇·乔尔

潮流 4：从资料分析到品牌与消费者的结合

“大数据”正在来临——搜集大量信息，从消费者的偏好中挖掘出大量信息。网络分析可以提供惊人见解、新鲜信息，以及非常可行的点子。这种数据也正以两种形式向你扑来：

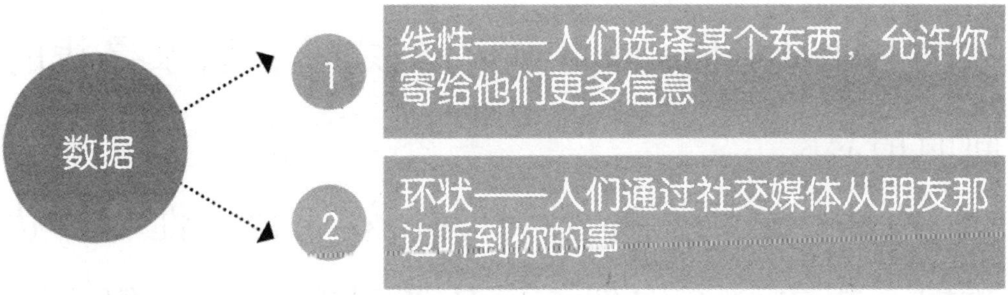

真正有趣的数据运用将出现在这两种数据汇流之处。你不但能够找出谁选择你的服务，还能

从脸书、推特以及其他地方取得那些人的朋友网络。那将带来各种有趣的可能性。

举例来说，亚马逊的询价应用程序让实体商店的购物者能够扫描条码，立即得知该商品在网络上的价格。那对亚马逊来说很有帮助，因为这个应用程序可以整合信息，决定商品的价位。更厉害的是，亚马逊会把你提出的询问连到你的账号。然后结合所有他们有关你的信息和你现在正在做的事，提出一些非常有针对性的推荐商品。

亚马逊正在混合线性与环状数据，找出未来如何卖更多产品给你。而这一切都是经过你允许的，只是你根本不晓得发生了什么事——直到你下次上亚马逊网站，开始看到之前在店家寻找的商品信息。

不是只有网络企业才能有效混合线性与环状数据。想象一下你到一家店买某个东西，但店里没有你要的尺寸。商家可以在店里摆一台简单的触摸屏，让你能够立即买到那些东西，并且送到你的家里或办公室。更有可能的是，商店也许可以提供应用程序，让你使用智能手机在实体商店里进行网上购物。线性与环状数据一起使用时，将带来各式各样的可能性。

以下几点建议可以帮助你从普通的一般分析转而使用更强大的线性与环状数据相结合的概念，从而达成最佳效果：

（1）从确定你的线性数据搜集策略着手——找出什么是你真正应该搜集与追踪的数据，并开始行动。

（2）开始熟悉更为环状的数据来源——在社交媒体上注册，获取一些亲身经验。如果忽略这点，你将错失做生意的机会。

（3）开始综合运用你的数据——一个好的起点是想办法找出你最忠实的顾客。设置一个可以看出进度的进度板。

（4）迈向行动——开发能快速及时搜集顾客信息的应用程序。亚马逊通过自家应用程序，让所有的零售商店变成自己的展示厅，你也可以如法炮制。与你的伙伴分享你所搜集的信息，并通力合作。

（5）跟上潮流——留意社会科学家是如何整合线性与环状数据源的。他们开发的大量新型分析工具，你可以加以利用，从而提供更好、更个性化的商品与服务。追踪相关趋势，找出如何运用这些最先进的点子。

（6）投资科技——毫无疑问，大数据正进入营销领域，你要做好投资服务器、电脑与基础设备的准备。从事信息科技研究及咨询服务的高德纳公司预估在 2017 年，营销将花更多钱在信息科技上。因此你要准备好掏钱以免被淘汰。

关键思维

这最终将让我们真正知道如何才能得到顾客并留住他们。当你结合顾客的使用方式（线性数据）、他们在社交图谱上的行为（环状数据），以及这股大数据引发的所有新潮信息时，你很容易就能看出，我们联系顾客的一切认知该作多大的改变。

——米奇·乔尔

潮流 5：单显示器的世界

许多公司试图区分它们在实体世界和在网络、移动设备上所做的事。现在你应该停止执着于显示器了。换句话说，你必须停止任何划分，因为所有相关设备的界线正在消失。今日唯一重要的显示器就是顾客面前的那一个，而且越来越可能是智能手机。你要尽全力创造适合移动设备的友善接口。

想想以下情形：

（1）2011 年，PC 制造商销售、出口 3.5 亿台新电脑，而苹果光靠它自己就卖了 1.75 亿台 iPad。

（2）同年，智能手机的销售超过 7 亿部。

不可否认的事实是，几个产业龙头——谷歌、脸书和推特之类——正将数十亿美元投入移动的单显示器世界。

它们追逐这个市场的理由是：

◎ 智能手机的成本正快速下降。

◎ 移动资费方案变得更容易负担。

◎ 消费者发现应用程序是主要卖点。

◎ 媒体在各种平台都通用。

◎ 人们会用移动设备观赏媒体节目。

◎ 移动数据使用的比例大幅超越语音服务。

所有迹象显示，目前人与人之间联系变得频繁，未来人们之间的联系会更加密切。智能手机将会是顾客用来与你的企业互动的那个显示器。这股潮流本身也带来了一些有趣的挑战。

看着智能手机惊人的销售增长，每个人都会问："我们的网站需要移动版吗？"这样想就错了——它相当于第一代网站，只不过是销售印刷传单的数字版本而已。移动设备本身就是个新怪兽，你必须弄清楚如何运用它来达成最佳效果。

在单显示器世界，越来越多的顾客会通过智

能手机，第一次接触你公司。将此铭记在心后，你应该努力的重点如下：

（1）现在就开始调查你的顾客——找出他们如何和朋友联系以及如何取得信息。不要惊讶，你会发现他们早已沉迷于随身携带的手机。

（2）找出如何利用移动设备达到简化的目的——顾客会重视的事。你要让自己在移动世界中容易被找到，向顾客提供他们会高度重视的有用事物。把智能手机当作空白显示器，在上面为顾客创造更丰富的可以互动的场面。

（3）把移动设备放第一，网络摆第二——提供让人印象深刻的移动体验，再利用你的网站支持、协助移动体验。让移动设备上的探索、触碰与移动体验令人上瘾吧。

（4）把社交行为整合进移动设备——所有单显示器使用者都想，在自己需要时，社交工具可以做更多事。让一切事物都能分享，也因此尽可能被找到。新成员通过参与社交圈正在发生的事，可以认识你、信任你。在顾客想要某种东西时就提供给他们，做他们的生意。

（5）不要忘了固定设备也可以是移动设备——许多家电已经有内置的无线网络，而且会越来越多。人们在外出时就可以利用应用程序控制家中的暖气、照明与门禁。记住，这是单显示器世界正在发展的趋势。

（6）做好心理准备，情境感知应用程序很快会出现——它会运用你所有的历史数据与使用记录，试着依据你的位置、天气、日程、将与谁碰面等等，预测你会想要什么。智能手机在未来将变得更聪明。高德纳咨询公司预测，情境感知系统将是未来几年主要新兴潮流之一。试着找出它对你的意义，让自己走在潮流前沿吧。

二　个人重开机

商业世界的这5大主要潮流已然发生或正在进行。如果想充分利用这些潮流，你就需要让自己的事业重开机。你必须从朝九晚五的上班族变成做自己该做的那个人。这不一定是坏事，因为重大改变同样也会带来大量的成功机会。

要想在一个即将重新开机的商业世界中茁壮成长，你就必须变得聪明、灵活，而且效率至上。要让自己的事业重开机，让自己成为珍贵的员工、创业者或内部创新者，你就必须注意并加以运用以下7项契机：

契机1：抱持“数字化第一”的心态

抱持“数字化第一”的心态，就意味着你会假设所有潜在顾客在进行任何商业决策时，第一个会去的地方就是他们的电脑、智能手机或平板电脑。他们在作决定之前会快速搜索，并且看看网络上有没有人提供任何建议。记住这点之后，你就会把“在网络上提供优质内容”当成优先要务。

既然网络上发生的每件事都完全透明，那么要建立高人一等的“数字化第一”文化，关键就是简化你所做的事，竭尽所能去对待顾客：

◎ 最优秀的公司会十分专注地去面对他们试着为顾客做的事。他们会秉持简约至上的核心理念，让事情保持清楚、质朴。

◎ 同样，优秀企业会格外费心为自己的顾客增加价值。

捷步网络鞋店退费给死者家人的故事已成为都市传奇。如果你好好对待你遇到的人，他们就会带给你更多回报。

以下几点建议可以帮助你在职业生涯中抱持“数字化第一”的文化：

（1）不要介意显现你人性化的一面——不要

躲在键盘或工作职称后面。在网络上表现出你个人真实的样子。对待数字化关系有如重要的朋友，他们通常也会以同样的方式回应你。

（2）成为数字原住民，或至少成为数字移民——花时间跟上科技与社交媒体工具。尝试、修补，然后享受。至少要了解大家在疯什么。

（3）知道有人在某个地方评价你——社会评价是无可避免的事，你要接纳它，继续往前走。了解消费者接触你时将会使用的工具。

（4）如果你的东西没人喜欢——你要吸取教训，然后再尝试。你无法在网络上隐藏自己的过失，所以连试都不用试。每个人都在奋力崭露头角，每个人也都必须花费很大的力气去学习接受批评，所以不用担心这种事。保持创新，尝试新东西。

（5）尽可能让人们以最简单的方式和你接触——让其他人与你打交道的经验都很直接且不复杂。科技成熟之后，永远都会变得越来越简单，因此你也必须有所改变，让自己能以更简单的方式去做生意。

关键思维

如果你还不开始抱持“数字化第一”的心态，你就会被淘汰。所有的产业与企业正在经历剧烈的数字化变革——不仅包括我们卖东西的方式，还包括我们如何运营。如果不是真正全身心投入，采取“数字化第一”的心态，你将会面对短期压力与长期痛苦。你甚至可能发现，自己处于产业重新启动的严峻过程中，而更聪明的团体却聚在一起，为你服务的产业创造未来。

认识新朋友的时候，和蔼可亲是我们想要的重要特质，也是我们对大多数私人关系的期待。在生意往来上，我们也应该如此要求。透明、开放，以及能够以真正人性化的方式与顾客沟通，这些正在快速成为企业文化。如果你不聆听、不关注、不回应顾客以及他们关心（或称赞）的事，你的竞争者就会这么做。

——米奇·乔尔

契机 2：热爱迂回前进

很少有人在高中的时候就知道自己会追求什么样的职业道路。较常见的现象是人们从某条职业道路开始，然后转换，并在取得长期成功之前，再次转换跑道。这就是今日面对大量选择的世界的真实状况。大部分职业道路都是曲折的，而非笔直地朝着单一的特定方向前进。

记住一点，你必须接受改变，并且拥抱它的一切。预先了解你将随着事情改变，让自己的职业生涯不断重开机。在职业生涯中要完全心甘情愿地接受“适应或淘汰”的状况，就像许多企业不得不面对同样的选择。不断变化的经济形势一直在释放新机会，你要善于抓住机会，并加以运用。

如果这能多少带来一点儿安慰的话，企业也必须一直这么做。即使是亚马逊这样稳固的企业实体，也经历过从贩卖书籍到制造电子阅读器（Kindle）、卖鞋子（捷步），以及提供云计算科技（亚马逊网络服务）的演变。所有企业都必须改变和进化，才能跟上潮流，你也一样要这么做。

在你再次改变方向和职业轨道，努力拓展人生时，请记住以下几点建议：

（1）让履历留下短暂但强大的职业经历——而不是长时间替稳固的企业工作。企业未来就是要做有趣的事，而不是上下班打卡。你要表现耀眼、短暂停留，然后离开。

（2）胸怀大志——如今，你可以“以少做多”。不论你选择哪一行，你必须解决那个产业的重大挑战。我可以保证，如果你对自己的产业没有胸怀大志，别人早就有了。

（3）拥抱曲折的道路——面对一些新挑战，迫使自己和不同的人一起合作，取得新技能。这对你来说会是件好事。你这辈子遇到的最有趣的人，将出现在你的朋友圈之外，而遇到那些人的最好方式，就是一起从事新计划。

（4）不合群——为自己思考，而不是随波逐流。找出方法打进另一个领域，或是拥有愿景并让梦想成真。你永远没有办法取悦每个人，不妨试着当这样的人：

◎ 时刻改变与进步。

◎ 坚持成为最好的破坏力。

◎ 艺术家。

◎ 革命性人物。

◎ 让自己的杰作生动有趣。

契机 3：制造有益的碰撞

如果要真正采取“数字化第一”的心态并让你的事业重开机，你就必须当一个永远的创业家。那并不意味你要一直开新公司，而是说你每天工作时碰到缺乏效率的地方，就要想办法加以解决。创业家会替自己及他人创造更美好的未来。

如果说拥有创业者的眼光以及与新鲜点子碰撞已经是很大的挑战，那么要在数字化时代获得成功，你还必须在工作与个人生活之间取得健康的平衡。

事情很简单，如果你是那种永远在寻找新鲜有趣的计划并着手进行，而且习惯于寻找更好的新方法来解决问题的人，你就有望成为一个不可或缺的人物。你唯一还需要加上的就是执行能力并持续产出世界一流的成果。

要制造一些有益的碰撞，你可以：

(1) 学习行为经济学——了解人们如何决策。然后强迫自己跳出思考框架，尝试一些不同的事物。一边探索这个世界，一边试验并增加自己的特殊经历。

(2) 运用所学——开设博客，和不同人合作，强迫自己做不一样的事。要当个“行动主义者”，不要当个“懒动主义者”。

(3) 奋战不懈——挑战现状，尝试一些新点子。许多新点子不会成功，但在商场搏杀中，你可能会想出了不起的东西，让你的企业做点出人意表的事。

（4）走出办公室去玩乐——一边努力让事业重开机，一边享受乐趣。你并不想在大多数的工作时间都做你讨厌的事。让你的工作环境多些乐趣，和你的同事做些好笑的事。如果那很困难，就允许你自己用新奇的方式来处理手边的事情。

关键思维

我们处在一个思想碰撞的世界，例如创意设计师与软件工程师搭档，最后的结果可能令人十分惊艳（想想 iPad 的例子）。营销公司会聘用人类学者深入了解人类天性、演化行为，以及我们如何与人建立更好的联系，以把营销做得更完美。

然而，在人才迈向多元化发展之际，我们依旧担心自己的工作，因为任何小失误都会引起人力资源部门的关注，我们的档案上就会多一个警告。碰撞并不是打破规则，或是把事情搞砸。明日伟大的创新或许就发生在今日的某个地方：就在这些强大的碰撞时刻。

——米奇·乔尔

比业界其他人更平庸，不能使你成为赢家；比其他同事更配合，不能使你成为赢家；每天行事更服从，不会使你成为不可或缺的人物。一个人会变得不可或缺，是因为他做别人做不到的事……然而我们每天去上班却试着不要做那样的事。我们去上班，试着让自己表现得像其他所有人一样，因为那让人心安。但是以今日的经济环境，以及可预见的未来来看，那是我们做的最危险的事。

——赛斯·高汀，营销大师

契机4：通过推销点子来营销自己

要在数字化时代真正让自己的事业重开机，你就必须学会表达并且推销自己的点子。除非你学会有效推销自己的想法，否则它们不会受到支持。幸运的是，现在我们比以往有更多方式，可以与他人沟通、分享点子并进行合作。

营销自己的秘诀其实很简单：创作一个关于你自己或你品牌的动人故事，然后随时随地讲这个故事。与其想办法让自己能够得到最多的“赞”，不如专心和那些对你做的事感兴趣的人建立深厚的情感联系。

以下几点建议可以帮助你更好地在网络上营销自己与自家点子：

（1）永远注意情境脉络——你在网络上发布任何东西之前，先停下来问自己：“为什么人们会去那个论坛、平台或媒体？他们想达成什么事？”然后找出你该如何帮助他们做到那件事。如果你真的能够增加价值，人们会因此爱上你这个品牌。

（2）不要用销售信息轰炸人们——在所有条件都一样时，消费者依旧会向他们认识、喜欢并信任的人买东西。如果你寄发垃圾邮件，他们就不会信任你。

（3）为胜利而战——让自己讨人喜欢，而且做你自己。明确定义你的价值，让它们发亮。不要试着改成潜在顾客想要的东西——那不会维持太久。

（4）不要让你的推销全部自动化——那样不会有效。让人们有机会接触到真实的你，他们会喜欢那样。拥抱这样的机会，你的互动会变得有趣且引人注目。

（5）追求影响力而不是接触范围——深刻影响一小群人将胜过你去接触一大群几乎对你视而不见的人，那样结果会更好。

（6）讲述引人入胜的故事——而不是试图传播经过美化的新闻稿，或是永远都在改写的销售台词。

关键思维

捷步告诉我们有关制造快乐的好故事，红牛能量饮料让我们相信人类可以做到不可能的事，迪斯尼替各年龄层的孩子创造奇妙与欢乐的世界。这不全与内容有关，更多的是与故事有关；这不全与故事有关，更多的是与好故事有关。这个任务极为困难。如果你想创造真正的影响力，让人们谈论你在做的每件事，你就必须营销自己以及你所代表的事业。你只有一个主要任务：走出去，提出一些好故事。拜托了！

——米奇·乔尔

契机5：随时随地都能工作

很久很久以前，在企业里飞黄腾达，就意味着拥有了一间位于角落的办公室。现在，只要笔记本电脑与智能手机在手，而且能够上网，就几乎可以在任何地方做出最好的思考，并且加快实现点子的进度。

让公司与个人事业重开机的同时，你也应该重新思考自己会在何处有最好的表现。和拥有不同想法的人士碰撞就能帮助提升你点子的质量与影响力。与坐在办公室里相比，你在外面会见到更多有趣人士。要准备好当个数字游牧民。

要重新设置个人工作环境：

(1) 投资数字化办公工具——确保自己有喜欢的笔记本电脑、智能手机与平板电脑，以及所需的一切配件。把工作场所从工作中移开，并且认识到最重要的工作发生在你的脑袋里，而不是某栋建筑物中。

灵机一动时，你要能够工作。此外，也帮自己找个耳机——耳机是移动办公室中“请勿打扰”的新标志。

(2) 实体办公室的设计要灵活——让大家能够合作。让项目团队能够在短时间内聚在一起，然后再回到自己的空间。要设计容易碰撞的环境。

(3) 制造更多碰撞——把公共区域设远一

点，让人们往来经过时能够在走廊上互动。

（4）用更聪明的方式开会——尽最大可能利用视频会议与现代通信工具。如果会议简短、有建设性并且有趣，人们就会愿意参加。

（5）寻找运用社交媒体网络科技的方法——现在有大量联系合作伙伴与顾客的机会，找出聪明的方法并加以运用。

关键思维

在过去几年，对企业专业人士来说，打造实体办公室的重要性越来越低：提出点子、创作，思考我们的顾客与我们服务的产业的能力，这样的活动与我们所处的实体环境越来越没关系。更重要的是我们合作的对象，以及我们能否取得创作所需的信息或工具。今日有越来越多的企业开始以不同的逻辑思考什么是“办公室”。

事实上，我们这一代工作者正面临职业生涯前所未有的大好时机，我们将能够找出对的空间、提出对的点子。我们再也不必非得去“办公室”才能完成工作。

——米奇·乔尔

契机6：时时活在新创企业模式中

加入新创企业的员工不会担心退休时拿不到金表，因为他们每天忙着发明、调整与重新思考自己正在做的事，好让自己增加价值。要想在现在这个时刻让事业重开机，你就必须像在经营一家新创企业一样保持努力工作。

新创企业的心态是怎样的呢？

（1）新创企业最佳的点子通常来自企业的一线人员，而非资深管理团队。因此请往一线去找。

（2）投资自己。大部分新创企业的员工会拿比较少的薪水，以交换股票或选择权。因此要准备好投资股权。

（3）和能力出众的人士合作——并且准备好会有人员大幅流动，直到出现对的人。

（4）新创企业永远都在应付紧迫的期限，有些是它们自己定下的。因为紧迫感会促使所有人努力工作。

（5）新创企业欣然接受失败，随时应变。如果一个点子失败了，所有人都会毫无怨言地尝试另一个。

（6）人们普遍认同新创企业充满风险。成功了自然会一鸣惊人。如果一败涂地，每个人也会冷静沉着，继续着手下一个大计划。在企业界，有这种思维的人还是很少的。

（7）为新创企业工作的人通常不会担心升迁的事，因为他们都在埋头苦干、全力以赴。

重点是你不必经营一家新创企业就能表现得像新创业者。在今日的数字化经济环境，新创企业的手法比较多且有成效。如果用新创企业的模式来看待自己的企业与职业，你将更能应付这个瞬息万变的时代。

永远保持新创企业模式的几个点子是：

（1）认识到风险的确存在——没有任何工作

或产业是安全庇护所。如果你拥有新创企业所需的技能，你将受到重视。

（2）身体力行，打造自己的职业生涯成果。

（3）准备好定期换一家公司——不要打算一辈子待在同一家公司。

（4）永远敢对自己说真话——打造美好职业生涯需要辛勤工作、忍受艰难和风险，但它也会是你这辈子做过最有趣、回报最多的工作。因此好好享受吧。

契机7：成为现实生活中的黑客

目前的企业情势很混乱，但接下来几年可以关注以下6大趋势：

（1）越来越多人会成为黑客——不是那种发起网络攻击的黑客，而是在这里拿一点、那里拿一点，然后创造出实实在在好东西的制造者。未来将由黑客所创造，他们是在产业转型为完全数字化时在各行各业工作的黑客。你要习惯并且加入他们。

（2）自己是谁将变得重要——企业将开始强调自己是谁，而不只是它们制造或提供什么。当人们知道自己正在与真人而非见不着面的公司互动时，他们会做出一些令人惊讶的事。让你的企业能够融入社交网络，让人们可以找到你。

（3）独立品牌将兴盛——即使是由大型龙头企业主导的产业也一样。今日，创新者在真正生产之前，可以在 Kickstarter 众筹网免费找到资金与未来的顾客。像美则这样的公司能够只通过社交媒体就提供一系列创新的家庭清洁用品，与联合利华、宝洁这样的大公司进行竞争。假以时日，独立品牌将成为新巨人，因为人们认同那些品牌所代表的价值。

（4）“少即是多”的营销将欣欣向荣——未来的顾客不会在乎你发表多少文章，他们会对你点子的品质更感兴趣。交易越快完成越好。对于今日的消费者来说，每一秒钟都很重要，他们希望你的网站浏览起来更方便。

（5）“高科技”与“高感触”会同时欣欣向荣——人们会爱上更新、更好的电子产品，同时也会重视能够“碰到真人”的现场活动机会。未来将与你所做的决定有关。有时候科技可以完美地满足需求，有时候人们会偏好丰富的面对面体验，因此你要好好选择。

（6）虚拟商品的大好机会就在前方——实体商品与数字商品之间的界线将变得模糊不清，最后变得无关紧要。越来越多的人将偏好拥有储存在云端的数字产品，随时随地都可以通过自己拥有的任何设备来取得。你要帮助他们做到那点。

关键思维

称霸未来的品牌将同时精通商品的实体与虚拟研发，并知道如何整合自家的产品与服务，从而提供全方位的商品。这将带给世界前所未有的商业模式。

——米奇·乔尔

买卖新主张——二手网拍

Future Shop

How the New Auction Culture Will Revolutionize the Way We Buy, Sell, and Get the Things We Really Want

原著作者简介

丹尼尔·尼桑欧夫(Daniel Nissanoff)，毕业于美国纽约大学及加利福尼亚大学北岭分校，创业家，主攻二手市场。他在 1994 年创设了交易网站 PartMiner，提供电子零部件产业企业对企业（B2B）的网上交易平台，还开发出第一个企业购物机器人软件等多项交易技术，并且取得这几项技术的专利。PartMiner 目前市值超过 5 亿美元。过去几年，尼桑欧夫也辅导成立 Portero 网站，专营二手精品交易。

本文编译：林锦慧

主要内容

关键词解读

网上拍卖

20 世纪 80 年代，拍卖交易需要的信息以及拍卖物品说明，都已经做到电子化，这种电子拍卖服务，就是现在网上拍卖的前身。根据英国《经济学人》在 1997 年的报导，网络拍卖在 1997 年第一季度就有 33 万笔，拍卖网站超过 150 个。

对买家来说，网上拍卖有几项优点：可以获得更广泛的商品信息；可以快速搜集到拍卖信息，大幅降低搜索信息的成本；具有娱乐、刺激、互动与竞争等特性，可以满足买家心理需求；匿名、机会平等，只要出价最高就能中标。对卖家来说，网上拍卖的优点则有：举办拍卖会的成本低；随时可以进行拍卖竞标，能尽快出清存货；可以通过个别拍卖活动测试市场，了解商品的基本价量关系。

从拍卖主动权来看，网上拍卖可以分成正向拍卖与逆向拍卖两种类型。正向拍卖是比较常见的模式，由卖家在拍卖网站上列出要出售的商品，买家在浏览之后出价，在拍卖期限结束时，由出价最高的买家购得。逆向拍卖则是由买家在拍卖网站上列出自己需要的商品信息，各个卖家回应买方需求，竞标提供商品给买家。买家在拍卖期限结束时，依照卖方的条件，包括商誉、品质以及送货日期等，选择最理想的卖家。正向拍卖模式的最佳代言就是在美国市场占有率高达89%的eBay。逆向拍卖的典型例子是FreeMarkets，适合有能力结集各方订单，成为大买家的企业或集团，这种方式可以提高议价能力以及采购效率，节省企业支出。

拍卖服务商

网上拍卖参与者最关心的就是卖家的可信度，包括卖家、拍卖品和付款机制。因此，许多拍卖服务便围绕着确立可信度而生，美国提供网上付款机制的 PayPal 公司，就是在 1998 年，应对网络拍卖需求成立的。PayPal 建立了“E－Mail收付款平台”，加入 PayPal 的会员，可以使用信用卡、借记卡，或是银行账户付款，衔接了实体金融体系与虚拟金融体系。

5分钟摘要

拍卖文化

交易透明的网上二手消费品市场（例如eBay网站）日益普及，使得消费行为开始出现典范转移。转移状况如下图所示：

现在越来越多的消费者会在购买商品之后，先使用一段时间，然后卖掉，再购买下一代产品。在这种短暂持有的趋势下，消费者会不断替换手中的物品，所以社会开始从“积聚”的心态，转变成偏向“拍卖文化”的消费逻辑。这种转变不仅会对商业环境造成重大影响，还会对社会主流文化与价值观影响深远。

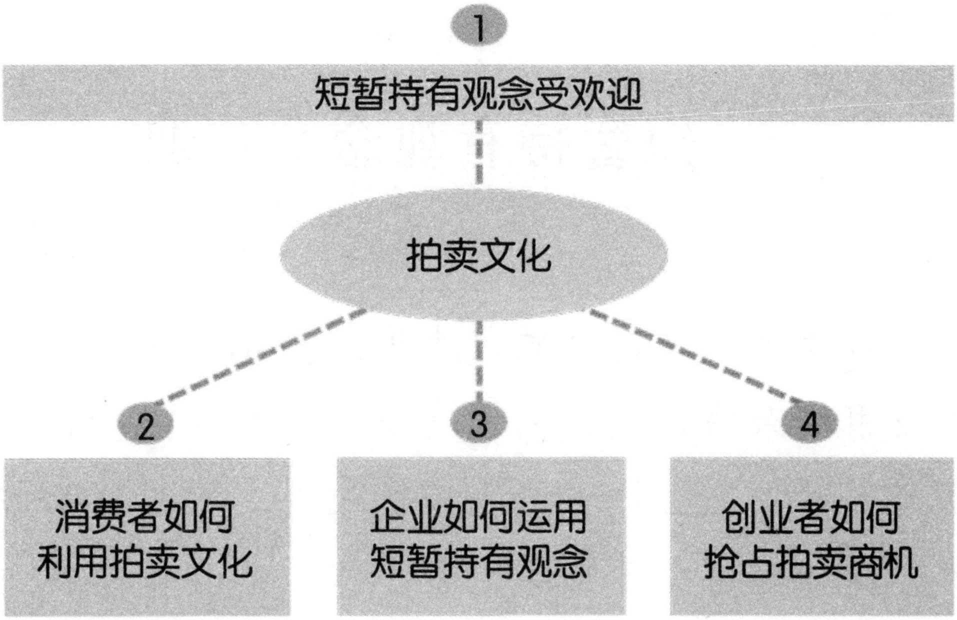
1
短暂持有观念受欢迎
拍卖文化
2
消费者如何利用拍卖文化
3
企业如何运用短暂持有观念
4
创业者如何抢占拍卖商机

一 短暂持有观念受欢迎

市场上有迹象显示，大家越来越了解老是留着没用的杂物，代价到底有多大。越来越多的消费者开始更务实地看待手中的物品。有些东西原本会纯粹因为舍不得丢而留下来，现在则会想办法释放这些东西的隐藏价值。几乎每一类产品都已经有交易的二手市场。

电脑科学家皮埃尔·奥米德亚在 1995 年创立了 eBay。奥米德亚架设这个网站原本只是玩票性质，希望能创造一个公平的市场，让所有人都能站在相同的立足点上进行交易。他认为拍卖是唯一可以达成目标的交易形式。奥米德亚起初把网站命名为“拍卖网”，并且把“拍卖网”纳入他自己的个人顾问公司 Echo Bay Technology Group。奥米德亚发现，“echobay.com”的域名已经有人使用了，所以就把域名简写成“eBay.com”。在“拍卖网”交易的网友越来越多，但是网友们都喜欢把网站叫做“eBay”而不叫“拍卖网”，所以 eBay 这个名字就这么固定下来了。

虽然 eBay 一开始只是奥米德亚的玩票事业，但是当 eBay 在 1997 年成为填充玩偶“豆豆娃”热潮的发源地之后，媒体开始真正注意到 eBay。光是 1997 年 5 月，豆豆娃在 eBay 的交易额就超过了 50 万美元，这股热潮让大家注意到 eBay，而且只要有稀奇古怪的物品在 eBay 上拍卖，就会吸引到更多目光，而且受关注的程度与日俱增。

现在不管用哪一种标准来看，eBay 都可以称得上极为成功。从许多龙头企业纷纷加入战局，正面挑战 eBay 的状况可以清楚看出，网上消费者对消费者（C2C）拍卖已经成为一股巨大的改变力量。买卖二手消费品不再只是科技迷的专利，它已经蓄势待发要跃入大众市场。

虽然 eBay 与其他企业卷起了千堆雪，有一项统计数字却出乎大家意料：大约有 90％的 eBay 用户都只是买家，不是卖家。如果可以简化销售机制，让更多人对 eBay 或是其他网上市场有信心，eBay 的业务就能够更上一层楼。我们可以说，eBay 才刚刚站上成长前景的起点，还没有抵达终点。

eBay 如果想让卖家人数迅速飙升，必须克服下列几项关键问题：

（1）销售流程必须更一致，更节省卖家时间。依照现行方法，卖家必须替拍卖品拍照，撰写商品简介，然后回答潜在买家可能会询问的问题。

（2）必须提供认证机制，让卖家可以证明自己的商品是真品，不是廉价的仿冒品。这也可以确保卖家出售商品而获得应有的价值。

（3）必须简化付款机制，让用户使用起来更方便，并且杜绝任何不良交易者。

（4）eBay 必须让人觉得，这是个可以放心销售高价商品的地方，而不是像现在这样，只能销售平价商品，平均每笔交易的金额只有 60 美元。

（5）eBay 必须让卖家有信心，相信这个市场交易频繁，每项拍卖品的价格都能符合商品真正的价值。换句话说，每场拍卖都要有足够的人参与竞标，拍卖价格才会合理，不会出现人为哄抬或压低价格的状况。

为了克服上述问题，市场上出现了新一代的网上拍卖服务商。这些企业使得卖家可以更方便地通过 eBay 销售商品，因此正在快速改变网上拍卖市场的生态。这些服务商可以分成下列几种类型：

（1）专业交易助理——其中比较简单的形式是由老练的 eBay 用户，收费辅导新手进行拍卖。另外也有可能像顾问或是高档商品的定价人，提供定价与销售策略等建议。

（2）托售中心——顾客可以把要贩售的拍卖品交给托售中心，由托售中心帮忙处理所有拍卖事宜，再把商品成交金额的固定比例作为酬劳。托售中心会处理拍卖交易中的所有手续，包括运送商品以及收款。

（3）鉴定业者——有能力鉴定网络上的拍卖品到底是真品，还是廉价的仿冒品。这些鉴定业者可能会与知名品牌合作，也可能独立运作。鉴定业者数目越多，整个交易体系就越健全。

这些拍卖服务商不只出现在美国，德国与英国也已经开始出现托售中心。一些比较有规模的美国拍卖服务商，也开始在海外设立托售中心。不久的将来，市场上会出现更多形式、规模不一的拍卖服务商，而且这些企业也可能稳健发展。

主流媒体也开始注意到上述趋势。《柯梦波丹》杂志曾刊载一篇文章《24种简化生活的方法》，其中一项建议便是“把垃圾变现金”。文章中提到："把整个周六的时间，都拿来在院子里办跳蚤市场，是不是不太有吸引力？很幸运的是，现在美国各地出现了数千家 eBay 托售中心，像 QuickDrop、Cyber Listers 与 Citygirl Boutique 等，可以替你拍卖东西（而且只赚你很少的钱），等成交了再寄支票给你。"

关键思维

现在全美各地的拍卖托售中心，已经高达 7000 家，而且我们现在还看不出来，这种爆炸性增长有结束的迹象。

——ECommerceGuide. com

各式各样的拍卖服务商将会大幅提高 eBay 的交易流量，因为他们可以提升网上销售的成本效益，从而使一般人更能接受网上销售。要是全国各地每个社区都有一家这种商店（到最后全世界各地都会有），我们自然会去光顾，结果它就会变成我们日常生活中的例行公事，就像我们去干洗店或银行一样。这些商店的概念虽然简单，但是却造成了革命性的影响，就如同股市的证券商接受一般投资大众投资一样。研究员、经济分析师会给一般投资人提供必要的信息，让投资人的投资可以得到丰厚获利。同样，也会有类似的服务商可以建议一般消费者要在什么时机、用什么方法进入二手市场。想想看，你可以确切知道，你的旧盘子在网络上的价格是多少，还有你从顶楼翻出来的老相机可以卖多少钱。在家里四处翻翻，看看你最近买的衣服、一时冲动买的新科技玩意儿，还有你手上最昂贵的东西。现在再想象一下，过几个月你可以花最少的成本把这些东西交易出去，换取更好的东西。欢迎加入新拍卖文化！

为了激发拍卖文化的全部潜能，市场上已经出现一种新形态的企业，可以协助我们进入eBay等二手交易市场。这些企业正在搭建桥梁，让全世界数百万民众可以轻而易举地跨入这个新领域。要让网上交易成为我们日常生活的一部分，这些企业是不可或缺的一环。随着这些企业的日益茁壮，我们也可以期待，eBay 真正提供给我们的最高价值就是：更美好的生活。

——丹尼尔·尼桑欧夫

二 消费者如何利用拍卖文化

因为有了活跃的网上二手交易市场，消费者的买卖习惯正在发生着改变。消费者买了商品之后，不会再长期持有，会在使用一段时间之后把商品卖掉，然后再买新的。消费者未来会习惯只使用最新颖、最高科技的商品。简而言之，拍卖文化有可能改变美国整体经济结构，最后可能改变全球经济结构。

市场研究公司 AC 尼尔森很早曾公布了一份报告，发现一般美国家庭堆在家里不再使用的物品，平均价值为 2200 美元。这份报告也估计，这些物品的市价大约是价值的一半。如果以 1.1 亿家庭来计算，美国总计会有市价约 2500 亿美元的物品可以在 eBay 等网上交易市场出售。即使所有物品都以预估价格的 5 折卖出，也可以为美国经济注入 1250 亿美元的活水。

拍卖文化的到来将使二手商品的交易日益频繁。对精明的消费者来说，商品采购循环将出现重大变化。我们用下图来说明：

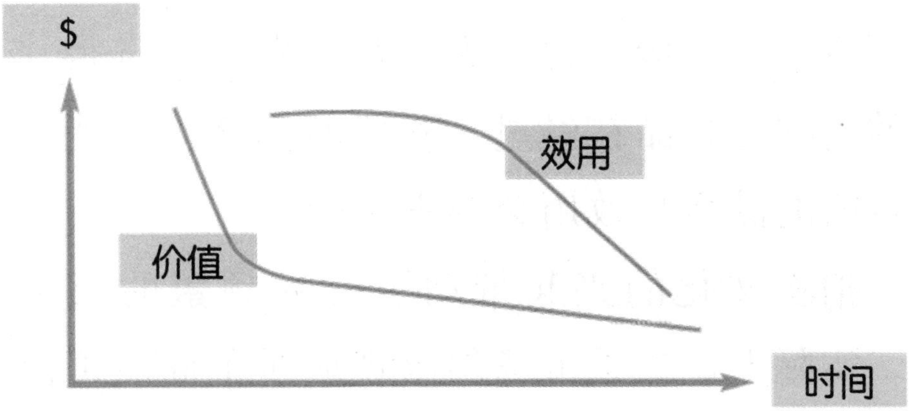

上图说明了目前大部分消费商品价值与效用的变化关系。在我们买下某件商品时，新品就成了二手货，价值会快速下滑。商品价值会随着时间持续下滑，但是下滑幅度会渐渐趋缓。消费者持有一段时间之后，商品甚至有可能增值，前提是这项商品后来要变成稀有商品，成为古董收藏家眼中的宝物才行，不过绝大部分消费品都达不到这种身价。

商品价值下滑的同时，其效用也会递减。有些当季非买不可的商品，在几年后就不会再流行，其过时的速度比我们想象的要快得多。影响你手中商品效用的，还有其他因素。以服饰为例，如果你变胖了，一两年前才买的衣服可能就穿不下了。一般来说，大多数消费者会觉得，手中的大部分物品在经过一长段时间之后，能够带给自己的满足与效用会越来越少。

拍卖文化的兴起带动了交易频繁的二手市场。实际上，二手市场的出现减缓了商品价值递减的速度，商品价值与效用之间的变化关系，会比较接近下图：

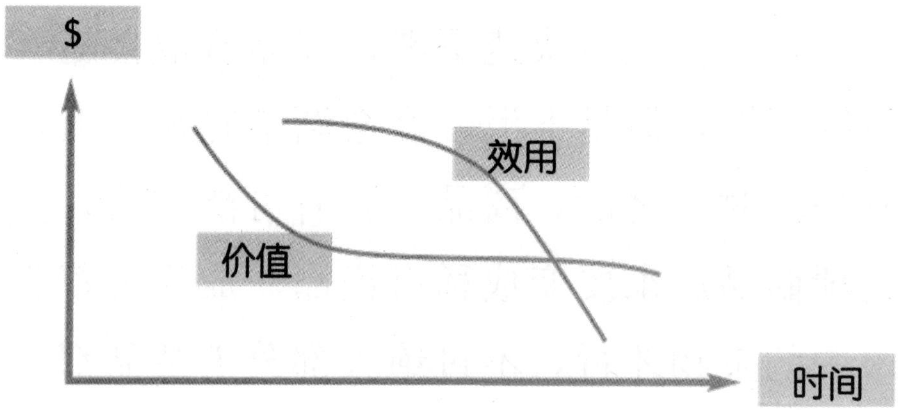

在拍卖经济中，最适合出售手中商品并升级、更新商品的时机，就是在这两条线交叉的时候。在这个时间点之前（效用大于市值），你应该持有该件商品，继续使用。在这个时间点之后（市值大于效用），卖出商品就会是非常合理的选择。

拍卖经济对消费者的整体影响是，消费者第一次可以轻松跟上潮流，随时购买任何自己想要的最新款产品。如果消费者知道，只要把先前购买的旧款卖掉，就可以拿回商品原价的一部分金额，而且比例还不低时，他们就会更愿意掏钱购买昂贵的新品。活跃的二手市场也让那些乐于用优惠折扣，买进稍旧款产品的消费者有不错的选择。拍卖经济的存在与普及，同时满足了这两个用户群。

活跃的拍卖经济带来了下列几项后续效应：

（1）消费者手上会持有比较新的商品——他们会把产品留在手上一段时间，然后再投入较少的资金，不断升级购买更新的商品。

（2）消费者毫不犹豫地淘汰自己手上的物品——消费者个人的品味与偏好，会随着岁月不断改变。

（3）每位消费者可以自行决定升级购买的时机——消费者有机会在满足个人对商品效用的要求以及商品长期市值之间找到最好的脱手时机。

（4）普及而且交易频繁的二手市场可以让消费者从自己不想要的物品中找出价值——这笔钱可以在整体经济中流通。

（5）消费者会更小心照料自己手中的物品——商品如果受到撞击或是磨损，转卖时价值会减损。

活跃的二手市场可能衍生出的最大问题之一是：会不会妨碍新品销售？许多精品品牌目前都设法确保自己的产品不会流通到二手市场。对许多名品来说，价格“排他性”是不可或缺的营销卖点，问题是，活跃的二手市场会稀释还是强化这种“排他性”的卖点？

经验显示，高档精品以及最新电子产品在二手市场的价格，有时还高于在一般零售渠道的价格。这听起来可能有点不太合乎常理。不过活跃的二手市场通常能够提高市场对新品的需求，结果对大家来说会是双赢。

当任天堂在2004年11月推出DS掌上游戏机时，各家零售商的产品很快就销售一空。有些人开始在eBay上用300美元转卖自己的DS游戏机，这个价钱是零售价149.99美元的2倍。等到市场上DS游戏机的供货更充裕之后，其在eBay上的价格才回跌，不过仍然维持在零售价位。索尼公司推出PlayStation 2游戏机时，也出现了同样的情况。在二手市场，只要有产品在推出时供不应求，都会发生类似的情况。

商品在二手市场的价格往往会趋近供需“均衡点”。如果卖家开出的价格高于均衡点，大部分人就会到零售商店去购买新品。如果卖家的售价低于均衡点，那么消费者就会愿意交易，买下这个过去鲜少使用的商品，而不会付更多钱购买全新商品。供需均衡点出现在什么价位会因物品而异，也会因许多因素而有所不同。

如果自家产品在二手市场非常热门，企业就会开始担心品牌过度扩张带来的冲击。不过长期来看，比较好的做法是设法与二手市场共存共荣，不要把头埋在沙子里，希望二手市场就此消失。品牌业者应该设法积极掌握二手市场的情况，尤其产品定价更是强有力的因素，可以主导产品在二手市场的行情。如果某项新品的售价是500美元，而稍微使用过的二手货在eBay的售价是400美元，那么制造商只要调低售价，就可以减少产品在eBay上的交易数量。如果零售价格降到400美元，产品在eBay上的价格就会降得更低。有些卖家就会把产品留在手上，不愿意承受这么大的损失。

要怎么善用二手市场，汽车业其实做了许多

精彩的示范。以奔驰汽车的战术为例，奔驰（还有 BMW 等汽车制造商）在 20 世纪 90 年代初推出一套新方案，提供消费者经原厂保证的二手车。这个方案造成的实际影响是，二手车纷纷从私人小车行那边回流到新车车商的二手车卖场，让更多消费者接触到新车款。一时间，有更多人买得起奔驰，虽然那些是几年前的旧车。这也意味着，等到车主准备买新车时，他们已经对奔驰很熟悉。结果，奔驰汽车在美国的销售量 1994～2004 年增长了 3 倍。奔驰因为巧妙运用二手市场，再加上汽车品质优良，使其销售量冲上历史新高。

关键思维

一意阻挠拍卖市场是没道理的。忽视拍卖市场带来的挑战与商机，只会在未来大幅流失顾客、营收与品牌价值。

——丹尼尔·尼桑欧夫

三　企业如何运用短暂持有观念

企业可以运用多种运营策略让自己靠着拍卖文化的到来而获利。面对二手市场的崛起，企业制定有效应对方案的脚步要加快。一味忽视拍卖文化、冀求拍卖文化不成气候是无济于事的。现在正是主动出击、准备运用这个商机的时候。

有许多方法可以帮助企业应对拍卖文化带来的主要挑战。可行的方法至少包括下列六种：

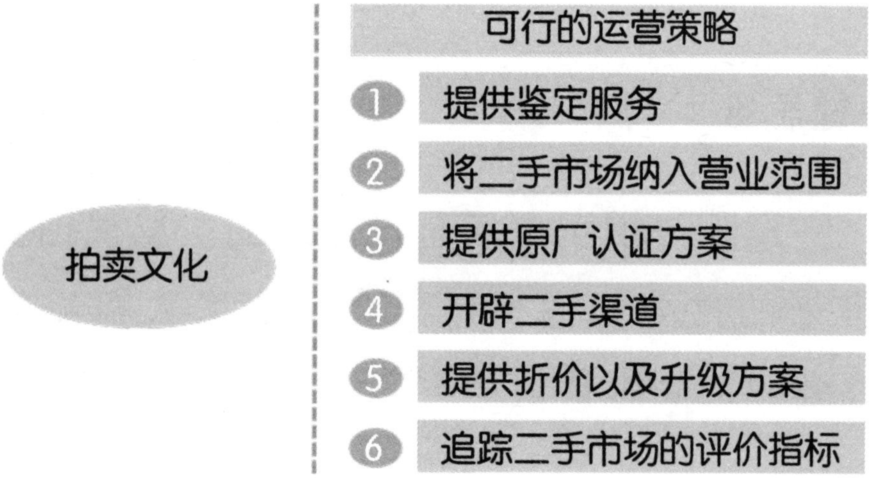

（1）提供鉴定服务——可以避免网上拍卖市场出现自家产品的仿冒品。要让卖家可以很方便地找到你进行鉴定，证明他们要卖的确实就是你的产品，而不是别家的。要做到这一点，大概必须利用新的技术，也必须教给员工鉴定的要点。同时你还必须有一套产品追踪系统，以了解每项产品的转手经过。企业目前采用的鉴定方法包括：

◎ 卡地亚在每颗自家钻石的腰棱上都会刻上商标以及序号。

◎ 汽车制造商会在自己生产的所有车辆上加进车辆识别号码。

◎ 两位澳大利亚警官创立的“A-Tag 鉴定王”，专门制造可以植入运动收藏品的微芯片。每个微芯片都有一组独一无二的 15 位数密码，可以用来跟该公司建置的资料库进行比对。每个微芯片上还包覆防伪标签，所以假货几乎卖不出去。

◎ 无线射频识别系统的问世使得企业可以永久追踪到自己生产的每一项产品。有了这些资料，企业就可以直接证明在二手市场上出售的商品是不是真品。

(2) 将二手市场纳入营业范围——把二手市场当作整体运营模式中重要的一环。换句话说，主动出击，替二手商品开辟出交易频繁的市场，并且维持这个市场的热度，以此作为提高市场占有率的策略。只要操作得宜，二手市场可以提供有用的信息，让你了解主要市场的情况。经营二手市场渠道，应该采取跟经营其他渠道一样的方法，建立品牌，并且给予二手商品忠实买家专门的优惠。这样你就可以让自己比别家企业更快掌握市场状况，获得有用的信息，帮助买家选择要购买的产品，也能够想出更好的点子，阻止仿冒品流入二手市场。除此之外，这么做还可以帮助你深入了解竞争对手的状况，以及对手产品在市场上的竞争力，因为二手市场对商品的评价真实到有点残忍的程度。

(3) 提供原厂认证方案——从自家商品转卖的过程中获利，而不会在一旁眼睁睁地看着别人靠着转卖自家商品赚钱。已经有许多产业在实行这种做法，例如：

◎ BMW 以及奔驰等汽车制造商，从 20 世纪 90 年代初期开始推出认证方案，彻底检查自家厂牌的旧车并授予认证。这些制造商利用二手市场来建立并且维系与消费者的关系，希望那些现在买旧车的消费者未来会向他们购买新车。通过这样主动出击的做法，这些车厂得以从旧车的交易中获利，否则这些利润会落到独立车商的口袋。一项研究估计，现在所有汽车经销商卖出的车辆中，有 38%是经过原厂认证的旧车。

◎ 高尔夫球杆制造商 Calloway 在 2003 年推出一项以旧换新方案，顾客可以拿旧的 Calloway 球杆折价换购新球杆。这项方案大受顾客欢迎，也为 Calloway 额外带来数百万美元的业绩。更棒的是，这个方案使得更多顾客愿意购买新的Calloway球杆，因为他们知道，自己以后想换球杆时，就可以利用以旧换新方案。

◎ 高级婴儿车制造商 Bugaboo 也采取相同的做法。该公司会检验二手婴儿车，保证儿童乘坐起来安全无忧。

◎ 网上精品转售商 Portero，提供高级手表卖家认证的服务。Portero 会先检查手表，确定手表是真品之后再授予证书，并使自己成为高级手表交换中心，销售这些经过认证的手表。这么做对买卖双方都有好处。

企业可以采取好几种方法来执行原厂认证的业务。你可以与熟悉原厂认证作业的厂商结盟，将认证流程外包，或者在公司内成立专门部门来促进这项方案。你可以教给员工在检验产品品质时要注意哪些重点。如果产品符合你的标准，你也可以提供证明文件，并授予保证书。这些做法能够让你把自己的品牌跟这些流入二手市场的商品再次产生联系，同时也能让产品在整个使用寿命周期中都保持最完善的状况。

（4）开辟二手渠道——如果企业没办法，或是不希望直接销售二手产品给一般大众，就应该与有销售能力的企业密切合作。许多精品制造商会与大型百货公司建立伙伴关系，授权其成为自己产品的专卖店，以便掌控二手商品的情况。另外还有一种品牌业者可以采取的方法，那就是成立畅销货品中心，不仅可以清掉库存过多的新品，其二手商品也可在制造商提供完整客服支持的优势之下有了正规的销售渠道。现在网上畅销货品中心也多了起来，例如 Ashford.com 以及 Bluefly.com 等，专门贩售 Burberry、Gucci 以及 Fendi 等高级时尚名牌。如果企业忽视了经营二手市场（不管是自己经营或是与其他厂商合作），自己的二手产品就会另寻其他渠道流入市场，而这些是企业无法掌握的。最好的做法是建立配销渠道，提供消费者一贯的服务与品质，借此强化品牌。

（5）提供折价以及升级方案——可以达到两个目的，一是掌控产品的供货状况，二是提升现有顾客的忠诚度。折价方案让你有办法控制自家产品在二手市场的数量。即使你决定不把二手商品转卖出去，还是可以把修复过的产品大批捐给学校等公益团体，塑造正面的企业形象。要成功推动折价方案，关键在于提供消费者诱因，让他们觉得以旧换新很值得。以下列举几个成功推行折价方案的例子：

◎ 高级百货公司的常客可以拿穿过的设计师服饰兑换点数，然后再用点数购买同一品牌的新品。

◎ 电器零售商在官方网站上推出一项网上交易方案：消费者可以在网站上查出家中的二手电器值多少钱，然后把家电寄给电器商，电器商根据双方谈妥的金额，发给消费者一张礼卡。接下来，电器商在 eBay 上把这些二手电器卖掉。

◎ 惠普公司为了环保，减少废弃电子产品，于是制定了一项打印机、数码相机以及PDA的折价方案，消费者可以拿旧的电子产品折价换购新产品。另外，惠普也跟其他企业合作，共同参与废弃电子产品回收计划。

值得注意的是，折价与升级方案常见于电脑软件市场，在消费产品市场反而没那么成熟。这种现象相当奇怪，因为有很多消费者希望自己可以在PDA等最新电子产品一推出时就能立刻拥有。企业如果可以给顾客提供实惠的折价方案，就能够跟顾客建立长期关系，而不会让顾客只想光顾一次。企业甚至可以在新款产品上市之前，让部分顾客有权优先购买，强化“会员独享”的印象，以提升品牌忠诚度。折价与升级方案如果运用得当，不只可以协助制造商掌握自家产品在二手市场的状况，还可以刺激消费者一再上门光顾。这种方法既可以有效留住顾客，让顾客更认同自己购买的产品，还可以尽量跟顾客建立长期关系，而不会用“就赚这一次”的心态来看待每一笔交易。

（6）追踪二手市场的评价指标——开始把二手市场当作有力的市场调查工具。零售商老早就明白，在商场上，信息就是力量。企业会密切追踪主要市场上各项产品的销售状况，并根据这些信息调整产品组合，追求最高营收。拍卖文化可以让企业取得同样有用的二手市场信息。二手市场除了可以让企业了解自家产品的状况之外，还能提供竞争对手详细的产品资料。追踪二手市场上有多少自家的产品、市场行情如何，就可以准确地定出产品在主要市场的价位。如果二手产品的市值大幅攀升，就表示新品的售价应该再定高一些。二手市场的资料可以厘清很多盲点，帮助我们看出先前有哪几种产品销路比较好、某块市场区域成长速度有多快，以及哪一种款式的产品最受消费者青睐等。上述种种信息对制造商来说非常有用，对那些需要下列几项信息来作决策的厂商更是如此。这些信息包括：

◎ 产品生命周期。

◎ 下一季的产品预期需求。

◎ 推出新产品的时机。

◎ 业界现状。

关键思维

折价与以旧换新方案在汽车市场已经十分普遍，大家已经逐渐习惯把汽车看成临时资产。在拍卖文化逐渐成为主流的过程中，我们还会在许多商品市场上看到同样的重大转变。在不久的将来，社会大众会慢慢开始认为自己手中的大多数物品，只是暂时的拥有，就像我们现在对汽车的看法一样。等到二手市场的交易越来越频繁时，我们就会用租赁的方式来取得越来越多的商品，就好像我们现在取得汽车的方式一样。为了不被市场淘汰，制造商将被迫再次采用“坚固耐用”的标准来制造产品，以应对消费者的需求，而消费者是只租借高品质、更耐用的商品，让自己的钱花得有价值。

在 eBay 演变的各个阶段，都有创业者找出解决方案，解决用户面临的困难。市场上会出现越来越多的创新服务，让日渐兴盛的拍卖文化得以继续发展。只要看看现在市场上开始出现的新一代企业，就可以知道拍卖文化未来的无穷商机。在这些企业之中，有些还在成长、有些刚起步、有几家即将成立，还有一些注定会成为这波新消费文化的主角。消费者与大型企业都会拥抱这些企业的服务，而这些企业会促成、保护、监督、管理新市场中的每一笔交易。

——丹尼尔·尼桑欧夫

四　创业者如何抢占拍卖商机

在买卖文化转变到拍卖文化的过程中，新生态系统会渐渐生根，大量新商机也将应运而生。一股难以阻挡的新经济力量正在形成。随着拍卖文化逐渐变成主流的消费观念，许多参与者将日渐茁壮成长。

在 eBay 刚开始受到瞩目时，一位斯坦福大学的学生找上了一位在斯坦福大学演讲的避险基金经理人。该学生向基金经理人提出加密系统的构想，以便财务资料在互联网上安全地进行传送。PayPal 公司就是从这个小小的构想成长为规模庞大的企业的。后来，PayPal 的两位老板把公司卖给 eBay，换得市值 15 亿美元的 eBay 股票。根据报导，eBay 现在有 30％的营收来自 PayPal，因为在 eBay 上进行的数百万笔拍卖都使用了 PayPal 机制。

由于 PayPal 使 C2C 网上拍卖交易变得更加活跃，因此公司也得以成长。同样，下一代企业也会随着拍卖文化的兴起而茁壮成长，成为促进拍卖文化发展的力量，并让拍卖交易更顺畅、更没有阻碍地进行下去。

拍卖文化带起了各种新兴商机，其中最明显的是：

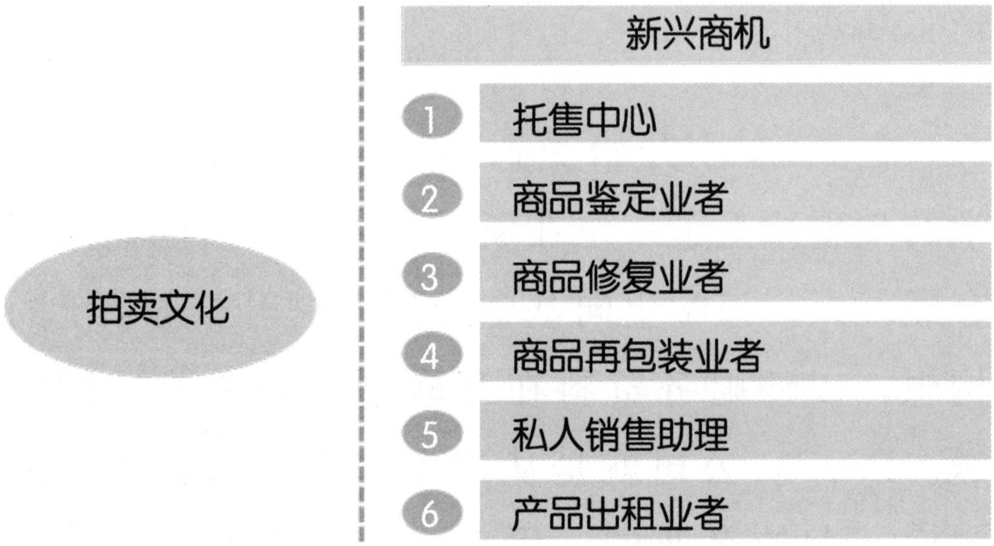

（1）托售中心——消费者可以把拍卖的物品委托给托售中心，由托售中心负责处理各项网上拍卖事宜。托售中心会把商品的资料发布在网络

上、回答潜在买家的询问、处理收付款事宜与寄送商品等细节，并且做好各项必要工作以保证商品可以顺利成交，最后向顾客收取固定比例的费用。一般来说，托售中心会依照拍卖品的成交价收取20％～40％的佣金，余款再寄给委托人。如果商品没能成功卖出，托售中心可以再次发布拍卖信息或是把商品寄还给委托人，也可以把商品捐给慈善团体，就看委托人怎么决定。有些托售中心会锁定单一的一种产品，例如汽车，也有些托售中心来者不拒，各种大众消费品都接受。市场上已经有许多托售中心，而且这个产业也会随着拍卖文化的兴盛而快速成长。

（2）商品鉴定业者——检验卖家要拍卖的物品，看符不符合卖家的描述。买家要出价竞标自己摸不到、感觉不到的商品，一定会感到犹疑与不确定，商品鉴定业者可以消除这方面的疑虑，为网上交易创造新的价值。成立于1999年的Escrow.com，就是这类企业的早期代表。买家不会把货款直接汇给卖家，而会先汇给 Escrow.com，然后 Escrow.com 会把商品交给买家检查。如果买家觉得商品完全符合网站上的描述，Escrow.com就会把货款汇给卖家；如果买家觉得实品与描述不符，Escrow.com 就会把商品寄回给卖家，并且退还买家之前寄存的货款。如果交易成功，Escrow.com 再依成交价收取固定比例的佣金。其他鉴定业者的做法包括：授予卖家认证标章，证明这是个值得信赖的卖家（例如 BuySAFE.com）；为二手商品提供保证书（例如美国电子担保公司）；甚至提供更完善的商品理赔措施，理赔金额能够符合商品的实际市价，不会随便赔一笔金额，以免引起一堆争议。

（3）商品修复业者——替卖家修复即将出售的物品，修复工作可能很简单，如修理鞋子磨损的痕迹、缝补手提包上断掉的皮带，或是去除 MP3 播放器表面的刮痕，也可能是更复杂、花费更高的高价商品修复作业。商品修复业者会把

“用过的”商品变得“像新的一样”，以提升商品的价值。它们还会替你寻找遗失的遥控器（例如PartSearch公司），或是换掉有瑕疵的电池（当初你可能就是因为电池才换的新手机）。同样，商品修复业者的业务将涵盖所有消费品，未来应该会有业者锁定特定产品，也会有业者愿意服务范围较大的一般市场。

（4）商品再包装业者——把二手商品从卖家运送给买家。这些业者会提供纸箱，以安全地运送电视之类的高价消费品。现在eBay上已经有一家相当活跃的“信用汽车运送公司”，提供跨国运送服务，专门运送车辆。如果有人要把家具从北美运送到世界任何一个国家，有一家加拿大的“A&C报关公司”，可以帮他们降低花费、减少麻烦。市场上还会有其他公司逐渐冒出头。因为要进行跨国交易会遇到不少麻烦事，这些公司可以帮交易双方省下麻烦，然后借此创造价值。再包装业者也会提供其他服务，例如服饰仓储公司可以提供顾客储存空间，让顾客在夏天存放冬季衣物、在冬天存放夏天衣物。纽约“衣橱”公司已经在当地提供这项服务，顾客可以从网站上看到自己的虚拟衣橱，然后决定哪些衣服要留下来明年穿，哪些衣服大概以后不会再穿了。如果某位顾客决定卖掉一件衣物，衣橱公司也会处理在 eBay 必须经过的各项手续，包括发布资料、回答问题、收付款以及把衣物运送给新主人等。对顾客来说，整个拍卖过程毫不费力，也不必投入任何时间与心力。衣橱公司还会确保顾客的衣物会存放在通风良好的地方，所以绝对不会出现发霉等常见的问题。

（5）私人销售助理——随时追踪你手中的物品在二手商品市场上实际市价的波动，然后会在最适当的时机建议你脱手，换购新品。这种公司有点像是三头六臂的家伙。未来也会出现各种类型的销售助理，给顾客提供专业的建议与协助。这些公司将拥有极为精密的信息技术，能够密切追踪你手中物品的价值。一旦脱手或是升级购买的时机出现，他们就会提醒你。市场上会出现越来越多不同领域的专业服务，比如率先出现的管家公司（ConsideritDone）、存放与管理衣物的公司（Close－ette）、精品转卖公司（Portero），甚至还包括追踪二手市场状况的公司（Andale、Terapeak）。随着拍卖文化不断向下扎根，市场上还会出现更多类似的企业。另外也出现了像Whats It Worth To You.com这种鉴定价格的公司，协助大家判定手中二手商品的真正价格。

（6）产品出租业者——随短暂持有概念应运而生的公司。拍卖文化使得许多新形态的出租方案都有机会成功，例如市场上已经有一家叫做“包上手”的公司。基本上，这家公司的运营模式类似DVD出租商Netflix，只是出租的商品是高级的手提包。顾客只要月付19.95美元，就可以租借各式各样流行的手提包，每个月可以无限次租用，而且只要顾客喜欢，就可以一直留在身边，不然就拿先前租用的包包再去换另一个更新、更时髦的包包。顾客也可以选择另一种价格比较高的租借方式，月付174.95美元，就可以租用高级名牌包，这些包包只有在这家公司才租得到，在零售店是买不到的。到最后，市场上会出现上百家，甚至上千家类似的公司。每一种顾客垂涎的商品，都会有类似的租借方案，这些公司也可以靠着保险等配套服务，赚进更多利润。

现在已经有专门针对eBay开设的广播节目，甚至像美国公共电视网开设的连续性节目《古董巡回秀》，还把二手货鉴定价格变成了娱乐。类似节目还包括有线电视节目《Auction Drop》，以及探索频道的实境节目《Pop Nation》。到最后，这股由拍卖文化造成的庞大经济力量，将会成为经济环境的重心，生活大师也会随之出现，成为拍卖文化的“玛莎·史都华”。

关键思维

拍卖文化带来的商机会让搭上这股变化潮流的人成为赢家，也会让拒绝的人成为输家。各个参与者都在争夺主导权，谁赢了就可以掌控未来新经济成形的步调。网上交易商在一端，品牌业者与零售商在另一端，消费者则在中间。这种情况让人想起互联网刚出现的阶段，当时传统的企业集结起来站在一端，网络服务商与创新业者站在另一端。就像现在一样，对既得利益者来说，任何改变都是很危险的，他们会害怕自己不能适应新的营业模式。只要社会普遍接受新文化，新文化就会日渐成熟，而反对者也了解，如果这种改变是为了追求进步，甚至对他们自己也有利的时候，新秩序就会形成。

在追求物质的世界里，社会对积极追求私利的原则又爱又恨。每个人要努力生存，要做利己的事，同时还要通过市场实现互利。但是资本主义的基本原则告诉我们，消费者如果能把成本压到最低、从获得的物品中得到最大利益，大家的生活将会比过去更美好。这是高效率的世界自然会产生的简单结果。我没有水晶球，无法明确告诉你这样的生活会何时降临，但是当拍卖文化大步向前迈进时，所有人就将拥有一个更美好的世界。

——丹尼尔·尼桑欧夫